7つの技で完全マスター

スパイスカレードリル

SPICE CURRY
DRILLS
7 TECHNIQUES

水野仁輔
JINSUKE MIZUNO

PREFACE

はじめに

あなたの作るカレーが抜群においしくなるとしたら、その理由はなんだかわかる？　それは、きっとテクニックのおかげだ。
あなたの作ったカレーがイマイチおいしくなかったら、その原因はなんだかわかる？　それも、きっとテクニックのせいなのさ。

じゃあ、テクニックを磨くとするか。技術は全部で7つ。**火、スパイス、玉ねぎ、油、水、塩、隠し味**。これらを使いこなせるようになったら、そりゃ、もう、すごいことだよ。カレーの味は格段においしくなるんだから。

テクニックを習得するために「レシピ通りに作ること」以上にしてほしいことがある。「鍋の中を観察すること」だ。
あなたの鍋の中は、いま、どうなっている？　何が起こっている？　どんな香りがする？　どんな音がする？　あなたが鍋をふったら、ゴムベラを動かしたら、新しい食材を投入したら、その直後に鍋の中はどうなった？

穴のあくほど見つめて観察してほしい。そのうち、コミュニケーションが取れるようになる。僕は〝鍋中との対話〟と呼んでいるけれどね。なんだかいかがわしいね。でも、大事なことなんだ。「なるほど、そう来るか。じゃ、こうするよ」みたいなことをブツブツ心の中で呟きながらカレーを作るのさ。

なぜそうなるの？　どうしてこうするの？　たくさんの疑問を本書にぶつけてほしい。そのための練習問題は、用意しておいたから。解説もたくさんついている。そして本番は、あなたの鍋の中。
ドリルだからね、繰り返し、繰り返し訓練すること。その先にゆるぎないテクニックをつかんでくれると信じています。

CONTENTS

はじめに ———————————————————————————— 002

カレーの悩みは、テクニックで解決? ———————————————— 006
たった15分で激うまカレーができる! ——————————————— 007
チャレンジ! 7テクニックチキンカレー ——————————————— 008
なぜ7テクニックなの? ——————————————————————— 016
7テクニックの交友関係 ——————————————————————— 018

LESSON 1. 火
理想的な火入れの〝技〟が身につくレッスン ———————— 020
1-1. 強火で炒め、弱火で煮込む:スタンダードチキンカレー ————— 022
1-2. 煮立てて味にメリハリを生む:フィッシュカレー ———————— 026
1-3. 強火〜中火〜弱火で炒める:チックピーカレー ————————— 030
1-4. 火の通りにくい順に加える:ミックスベジタブルカレー ———— 032
1-5. 弱火でふたをして圧力をかける:スライスビーフカレー ———— 034

LESSON 2. スパイス
香りを生むスパイスの〝技〟が身につくレッスン ————— 036
2-1. 焙煎して香りを引き立てる:ビターポークカレー ———————— 038
2-2. マリネして風味をなじませる:マリネポークカレー ——————— 042
2-3. 水で溶いて香りをゆっくり引き出す:ウェットチキンカレー —— 046
2-4. ホールとペーストを合わせる:ペーストチキンカレー ————— 050
2-5. 油で炒めて仕上げに加える:ポタージュビーンカレー ———— 052

LESSON 3. 玉ねぎ
玉ねぎの甘味やうま味を活かす〝技〟が身につくレッスン — 054
3-1. 蒸し煮にしてとろみをつける:ホワイトチキンカレー ————— 056
3-2. 強火で水を加えて色づける:スピニッチカレー ————————— 060
3-3. 油で揚げてうま味を強める:マッシュルームカレー——————— 064
3-4. 2通りの使い方で特徴を出す:オニオンチキンカレー ————— 068

LESSON 4. 油
うま味を引き出す油の〝技〟が身につくレッスン ————— 070
4-1. きれいな油脂分を分離させて盛る:ビーフカレー ———————— 072
4-2. 油を大量に使って味を強める:プロウンカレー ————————— 076
4-3. 素材を素揚げして香味を活かす:オーベルジーンカレー ——— 078
4-4. 強い香りを持つ油を活用する:フレーバードフィッシュカレー — 080

LESSON 5. 水

脱水と加水で味をコントロールする〝技〟が
身につくレッスン ——————————————————————— 082

5-1. 仕上がり800㎖のカレーを目指す：カルダモンチキンカレー ——————— 084
5-2. 水を使わず素材の水分を引き出す：ドライキーマカレー ————————— 088
5-3. 水以外の〝水分〟を活用する：オクラカレー ————————————— 090
5-4. たっぷりの水でグツグツと煮る：シチュードチキンカレー ——————— 092

LESSON 6. 塩

味を生み出し、味を決める〝技〟が身につくレッスン ——————— 094

6-1. 塩味を強めにしてインパクトを生む：ソルティチキンカレー ————————— 096
6-2. 塩で脱水し、味を引き立てる：ソテードラムカレー ————————————— 100
6-3. 素材を加えるごとに塩を加える：エッグ＆ポテトカレー —————————— 102
6-4. 塩でスパイスの香りを引き立てる：グリルドサーモンカレー ——————— 104

LESSON 7. 隠し味

技がなくてもおいしくする〝隠し技〟が身につくレッスン —— 106

7-1. 乳製品でおいしくする：バターチキンカレー ————————————— 108
7-2. 甘味でおいしくする：マーマレードチキンカレー ——————————— 112
7-3. 発酵調味料でおいしくする：ミソキーマカレー ————————————— 114
7-4. だしでおいしくする：ウマミベジタブルカレー ————————————— 116

7テクニックチキンカレー おさらい編 ————————————————— 118
本書で使用したスパイス一覧 ————————————————————— 122
使用スパイス一覧 ——————————————————————————— 124
使用食材一覧 ————————————————————————————— 125

おわりに ——————————————————————————————— 126

本書の使い方

●大さじ1は15㎖、小さじ1は5㎖、1カップは200㎖です。●材料の分量は、各レシピごとに表示しています。●フライパン（鍋）は厚手のものを使用してください。フッ素樹脂加工のものがおすすめです。本書では、直径24㎝のフライパンを使用しています。鍋の大きさや材質によって熱の伝わり方や水分の蒸発の仕方などに差が出ます。●塩は自然塩を使用しています。粗塩の場合、計量スプーンですり切りを計っても塩分濃度が足りない可能性があります。その場合は、最後に味を調整してください。●各レシピの難易度（初級・中級・上級）、辛さ（甘口・中辛・辛口）、味（さっぱり・普通・こってり）をチャートで表しています。●「GGジュース」とは、ジンジャー＆ガーリックジュースを指します。●火加減の目安は、強火（🔥🔥🔥）が「鍋底に炎が勢いよくあたる程度」、中火（🔥🔥）が「鍋底に炎がちょうど届く程度」、弱火（🔥）が「鍋底に炎がギリギリあたらない程度」です。●ふたは、フライパン（鍋）のサイズにピッタリあったもの、できるだけ密閉できるものを使用してください。●完成写真は、1〜2人前を盛りつけています。

カレーの悩みは、テクニックで解決？

カレーを作り始めるといろんな壁にぶつかる。そう、ぶつかるからきっとこの本にたどり着いているのだと思う。どんな悩みをお持ち？ それは、7つのテクニックを身につければ、すべて解決できることなんじゃないかなぁ。どのドリルからスタートするかを決めるために、この表を参考にしてみよう。

お悩み事	解決策						
	火	スパイス	玉ねぎ	油	水	塩	隠し味
スパイスの使い方がわからない	✓	✓					
イメージした仕上がりにならない	✓				✓	✓	
最後に塩味の決め方が難しい					✓	✓	
味見をし過ぎて味がわからなくなる						✓	
作ってみたがおいしくない	✓		✓				✓
なんとなく味がぼやけてしまう	✓			✓	✓	✓	
あとひと味何かが足りない				✓	✓	✓	
うま味が足りない気がする			✓	✓			✓
専門店のような本格的な味にしたい	✓	✓		✓		✓	
調理に時間をかけたくない	✓			✓			✓
ガツンとパンチ力のある味にしたい	✓		✓	✓		✓	
インドカレーのように仕上げたい	✓	✓		✓		✓	
なぜうまくできたのか要因を知りたい	✓	✓					
もっとスパイシーにしたい	✓	✓					
香り豊かなカレーを作りたい	✓	✓					
使う効果のわからないスパイスがある		✓					
自分の好みの味がわからない		✓					✓
ルウで作るおいしさを超えられない			✓	✓			✓
肉を使わずにおいしくしたい		✓	✓	✓			✓
とろみのつけ方がわからない	✓		✓		✓		
しゃばしゃばのカレーにしたい	✓				✓		

たった 15 分で
激うまカレーができる!

嘘みたいなホントのレシピ。

最初にこのレシピを発見したときは、あまりにおいしくて驚いた。今までに提案してきたレシピはいったいなんだったんだ!?　と思うくらい。単純作業だから、何のテクニックも要らない気がするかもしれない。でも、実は、このシンプルな手順の中にこそ、カレーをおいしく作るためのテクニックが詰まっているんだ。

だから、まずはこのカレーを作ってみてほしい。

もし、イマイチおいしくできないとしたら、あなたのテクニックにはまだ足りないところがある。それを見つけられる。おいしくできたとしたら、もう、ここから先は読まなくていい?　いや、そんなことはない。そのカレーは今よりもっとおいしくなる。テクニックを磨けば磨くほど、15分とは思えないような味わいを生み出せるようになるんだ。

プロセスは 5 ステップ

STEP 1　強火で3分炒める…油、クミンシード、にんにく、しょうが、玉ねぎ

STEP 2　強火で3分炒める…鶏肉

STEP 3　強火で3分炒める…パウダースパイス、塩、砂糖、しょう油

STEP 4　強火で3分炒める…トマト

STEP 5　強火で3分煮込む…水、香菜

チェックポイントは 7 つ

- [ ] 味にメリハリはきいている?…火
- [ ] スパイスは豊かに香る?…スパイス
- [ ] 適度にコクや甘味を感じる?…玉ねぎ
- [ ] パンチ力のあるうま味は?…油
- [ ] ソースは味わい深い?…水
- [ ] 塩加減はちょうどいい?…塩
- [ ] 後を引く味わいはある?…隠し味

LET'S CHALLENGE!
さあ、
チャレンジ
カレーに
レッツチャレンジ!

CHALLENGE! 7-TEQNIQUE CHICKEN CURRY

チャレンジ! 7テクニックチキンカレー

火 　スパイス 　玉ねぎ 　油 　水 　塩 　隠し味

ちょっとしたゲーム感覚でこのカレーを作ってみてほしい。たったの15分でできる絶品チキンカレー。でも実は、このシンプルなレシピに7つのテクニックを詰め込んであるんだ。

材料（4人分）

植物油…大さじ3
ホールスパイス
　●クミンシード…小さじ1
にんにく（みじん切り）…1片
しょうが（みじん切り）…1片
玉ねぎ（くし形切り）…中1個（250g）
鶏もも肉（ひと口大に切る）…400g
パウダースパイス
　●コリアンダー…大さじ1
　●ターメリック…小さじ1
　●レッドチリ…小さじ1

塩…小さじ1弱
砂糖…小さじ½
しょう油…大さじ1
トマト（ざく切り）…大1個（250g）
水…300㎖
フレッシュスパイス
　●香菜（ざく切り）…¼カップ

ルール

各プロセス3分ずつ。火加減はすべて強火。

1

START

鍋に油とクミンシードを入れて強火にかける。15分計測スタート。

2

すぐににんにく、しょうが、玉ねぎを同時に加えて炒め始める。

3

玉ねぎは切った後にバラバラにほぐしておいた方が火の通りがいい。

4

火は家庭のコンロで最大の強火に設定する。IHクッキングヒーターでも同じ。

5

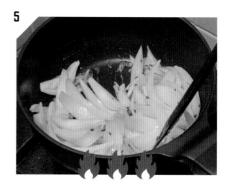

玉ねぎを加えたらざっと混ぜ合わせ、玉ねぎの表面に油を絡め合わせる。

6

3 min

玉ねぎが焦げることはない、はず。強火により玉ねぎが脱水し始める準備が整う。

すぐにふたをし、そのまま玉ねぎがしんなりするまで蒸し焼きにする。

7

鶏肉を加えて混ぜ合わせる。塩こしょう（分量外）をふって下味をつけておくとよりよい。

8

鶏肉を玉ねぎの下に潜り込ませるように。肉を鍋底や鍋肌にくっつけて焼くようなイメージ。

9

6 min

鍋中をあまりかき混ぜすぎず、鶏肉にじっくり火を入れていくように炒める。

10

パウダースパイスを加える。玉ねぎや肉の表面ににじみ出た油脂分と絡め合わせる。

11

スパイスは加熱することで香りが立つ。油と絡め合わせることで粉っぽさがなくなり定着する。

強火の状態でパウダースパイスを混ぜ合わせるが、鍋中の素材と絡むため、すぐには焦げない。

12

塩には素材の味わいやスパイスの香りを引き立てる役割があるため、ここで加える。

塩を加える。粒子の粗い塩の場合、小さじ1弱よりも少し多めに加えるといい。

13

砂糖を加える。好みで量を加減してもいいし、同量のはちみつでも。

16

パウダースパイスが鍋肌や鍋底に当たると加熱が進み、香りが立ってくる。

14

> 2種類の隠し味で加わるのは甘味と発酵調味料のうま味。わかりやすいおいしさが出る。

しょう油を加える。濃い口しょう油が基本。薄口の場合は、多めに加える。

17

> 油の役割は、熱伝導率を上げること。鍋中の温度が上昇し、加熱が促進する。

油脂分がスパイスや塩、隠し味を吸い込んでジュワジュワとし始める。

15

ざっと全体を混ぜ合わせる。パウダースパイスを玉ねぎや鶏肉の表面に絡め合わせるように炒める。

18

スパイスが焦げないよう、ゴムベラでこまめにかき混ぜながら炒める。

19

9 min

玉ねぎと鶏肉からほんの少し水分が出始め、すでに
おいしそうなカレーが鍋中に。

20

トマトを加えて炒める。このトマトの水分はできる
だけ外に出して飛ばしたい。

21

できるだけトマトを鶏肉や玉ねぎの下に配置して、
鍋底や鍋肌に当てるようにする。

22

トマトに火が入り、崩れ始め、水分が少しずつ出て
くるとブクブクとした状態になる。

23

ざっとゴムベラで大きくかき混ぜると蒸気が上がっ
て鍋の外に逃げていく。

24

すぐにまた放置して火を入れ、トマトを脱水させな
がらグツグツと炒め煮にする。

25

ゴムベラでかき混ぜたくなってもじっと我慢。鍋も
動かさない。

26

しばらくしたらゴムベラを大きく動かして蒸気を上
げて鍋の外へ逃がす。

27

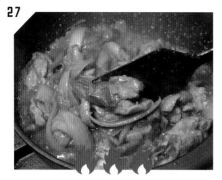

形の残っているトマトをできるだけゴムベラでつぶして水分を出す。

28

12
min

トマトの脱水が進んでくると、最初に加えた油や鶏肉の脂分がにじみ出てくる。

29

水を注いで煮立てる。鍋中の温度が下がってしまうので、少し鍋を揺らして早めに煮立てたい。

30

加える水分量と飛ばす水分量がとろみや味わいを左右する。少なめに加えるといいかも。

鍋は揺らしても火からは離さない。水をすべて加えたらゴムベラでざっと混ぜ合わせる。

31

鍋中全体に水がまんべんなくいきわたれば、煮込みの準備が完了した合図。

32

ふたをして煮る。ふたをすることで圧力をかけて鍋中の素材と水分を対流させる。

33

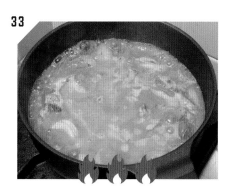

ラスト1分の段階でふたを開ける。かなりグツグツしている状態。

34

香菜を加えて混ぜ合わせる。量はお好みで。器にカレーを盛ってからトッピングしてもいい。

35

> 🔥 最初から最後まで強火のままだが、鍋の温度はめまぐるしく変化する。だから火が大事。

新しい素材を鍋に加えたらとにかくその都度、混ぜ合わせて煮立てる。

36

再びふたをして煮込む。仕上げまでグツグツ煮込む。香菜をくたっとさせたい。

37

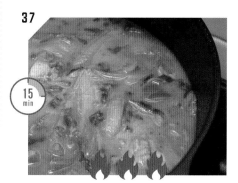

15 min

完成。鍋の材質で差があるが、表面にうっすらオレンジ色の油脂分が浮いている状態。

FINISH!

鶏肉と玉ねぎはクタッとして煮崩れたトマトがちらほら。ソースはオレンジ色がゴールイメージ。

なぜ
7テクニック
なの？

チャレンジカレーの出来映えはいか
が？　たった15分でこのカレーがおい
しくなるのは、7つのテクニックが活
かされているからだ。プロセスをもう
一度振り返ってみて、チェックポイン
トで何が起こっているのかを確認して
みよう。

FIRE

火

味にメリハリはきいている？

火は味も香りも深める最強の道具。15分間
ずっと強火のままでも、鍋中の温度はめまぐ
るしく変わる。新しい素材を加えれば温度は
下がるし、ゴムベラを動かさなければ温度は
上がる。ふたをすれば圧力がかかる。火が
キッチリ入れば入るほど味にメリハリが出る。

SPICE

スパイス

スパイスは豊かに香る？

スパイスは加熱をすると香りが増す。パウ
ダー状のスパイスは焦げやすいが、鍋中には
玉ねぎや水分があるため、すぐに焦げること
はない。最初に加えた油分となじませるとス
パイスの状態がしっとりしてくる。これで香
りが定着し、粉っぽさがなくなり、一石二鳥。

ONION

玉ねぎ

適度にコクや甘味を感じる？

玉ねぎは加熱をすると甘味が増す。大きめに
切って蒸し焼きすると舌ざわりもとろり。だ
からできるだけ長い時間、ふたをしておく。
たった3分間では玉ねぎの表面に焼き色がつ
くことはないけれど、残り12分間でくたっ
として甘味がじわじわと抽出されていく。

OIL

油

パンチ力のあるうま味は?

油は加熱をより効率的にする。鍋中にある素材の表面全体にまんべんなく絡むようによく混ぜると高温の鍋肌や鍋底に当たった部分によりよく熱が伝わるため、火が入りやすくなる。肉からは脂分もにじみ出る。油脂分の照りが目立ってくると脱水が進んだ証拠だ。

WATER

水

ソースは味わい深い?

水は鍋中のさまざまな風味を吸ってソースを作る。鍋中の素材と鍋底との間に加えた水を流し込むようなイメージ。そのためにゴムベラで鍋底や鍋肌をこするようにかき混ぜる。グツグツと煮立ったらまた混ぜ、適度に蒸気を逃がし、味を深めながら煮るといい。

SALT

塩

塩加減はちょうどいい?

塩は香りを引き立て、味を引き出す。だから調理の途中で加えるのがいい。このあと水が入って煮立つと塩は溶けて鍋中全体にいきわたる。水を入れた直後に味見し、煮込みが終わってから再び味見する。塩が足りなければ最後に調整できる余地を残しておこう。

SECRET INGREDIENT

隠し味

後を引く味わいはある?

隠し味はカンタンに味を加えることができる。どのタイミングで加えてもそれほど味に影響はないが、入れるなら煮込みの前がいい。調理方法にテクニックと言えるほどのものはない。作るカレーの味わいと相性のいいアイテムを適切な量で加えられるようになるといい。

７テクニックの交友関係

７つのテクニックが、お互いに協力し合ってひとつのおいしいカレーを生み出してくれる。そう考えると彼らの交友関係に興味が湧いてこない？　誰と誰がどこで出会って何が生まれるのか？　によって、仕上がるカレーの味わいが左右されるのだから。仲良くしてほしいもんだねぇ。

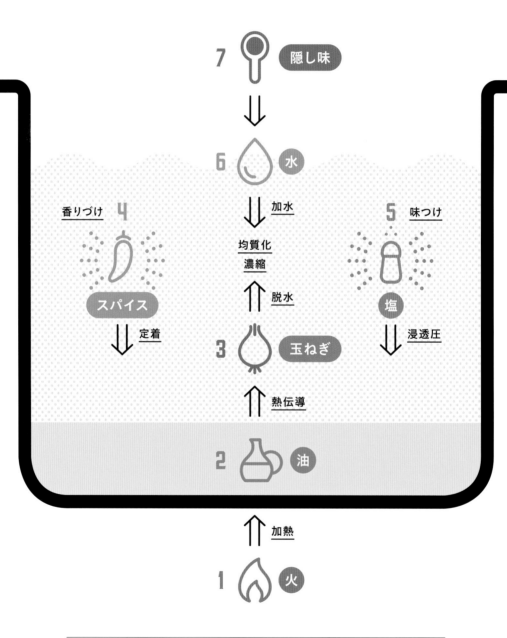

あなたが鍋を準備してカレーを作るとき、7テクニックはどんな働きをするのだろうか。左の図を参照しながら、想像してほしい。

鍋を火にかける。鍋に熱が伝わり始めるから、何かを入れておいた方がいい。たいていは油を入れておく。熱伝導率が上がるから、都合がいい。とろっとしていた油があったまってくるとさらさらーっと鍋の中を軽やかに動き始める。

玉ねぎを加えて炒めるとするか。生玉ねぎは硬いけれど、加熱すると軟らかくなる。本来持っている辛みや酸味が和らいで甘味が引き立ってくる。油は高温だから、表面がこんがりしてくるかもね。いいぞ、メイラード反応もキャラメリゼも進んで、玉ねぎはうま味と甘味が引き立ってくる。

玉ねぎの脱水が進むと最初に入れた油がにじみ出てくる。いいね、いい仕事している。そこへスパイスと塩を加えるんだ。パウダースパイスがじわりと油を吸い込んで、玉ねぎの表面で濃い色へと徐々に変貌を遂げる。あ、いつのまにか、塩はいない。消えたようだけれど、彼は鍋中の素材に入り込み、その味わいを引き出してくれるんだ。スパイスのいい香りが立ち上ってきた。

隠し味や鶏肉、トマトなどを加えておいて、それから水を注ぐ。鍋中の温度が一気に下がってきてしまう。あなたのテンションもつられて下がってしまう？ いや、大丈夫。最初からがんばっている火がすぐに水を湯に変えてグツグツと煮立ててくれる。この作業で味にメリハリが出る。水は湯になると同時にソースへとその姿を変えるんだ。鍋中にあるいろんな風味を全部吸い込んで、それから鍋の中を対流し始める。肉や野菜に火を通しながら、そこからにじみ出てくる味わいをまた吸い込んで、ソースを均質化させる。

できた、おいしいカレーが、できた。できた？ じゃあ、いただくとしよう。

順序	テクニック	効果	手法	重要度
1	火	熱伝導	加減・加熱時間	★★★
		メリハリ		
2	油	うま味	量	★★
		熱伝導	量・加熱時間	
3	玉ねぎ	メイラード反応・うま味	加熱時間、方法	★
		キャラメリゼ・甘味		
		舌ざわり		
4	スパイス	香りづけ	配合・量・タイミング	★★★
		辛みづけ	量	
5	塩	味つけ	量	★★
		浸透圧	タイミング	
6	水	加水・均質化	量	★★
		脱水・濃縮	加熱時間	
7	隠し味	コク・うま味	選択・量	★

1

FIRE

火

理想的な火入れの〝技〟が
身につくレッスン

QUESTION

火は何をコントロールできるの？

「**火**のない所に煙は立たぬ」と言うけれど、僕ならこう言い換えたいね。「火のない所でカレーはできぬ」。ガスコンロでもいい、IHクッキングヒーターでも炭火でもいい。ともかく鍋に熱を伝えることができなかったらカレーは作れない。何も始まらないんだ。

熱は鍋から油や水に伝わり、温度を上げたり下げたりすることで素材の状態を変えていく。それは僕らの手加減次第なんだよ。そう、**だから火を加減することで、鍋中の加熱のコントロールができる**んだ。不思議なことだけれど、同じ材料を使っても、コントロール次第でおいしくもなるし、イマイチな味にもなる。それだけ火が繊細な働きをしてくれるんだね。

火が強ければ形はつぶれ、火が弱ければ形は残る。たとえば、たいていのカレーは前半に野菜を油で炒めて中間で水を加え、そこから具を煮込んで作ることが多い。その途中でスパイスが入る。その場合、〝強火で炒め、弱火で煮込む〟のがいい。

鍋に水分が加わったとき、新しい素材が加わったときは、鍋中の温度が下がり、少しの間、静かになるよね。ライブで1曲終わって次の曲が始まるまでのシーンとした状態に似ている。ああいうタイミングはその都度火力を上げ、〝煮立てて味にメリハリを生む〟んだ。「さあ行くよ！」と鍋に気合を入れなおすも火の役目。

玉ねぎを炒めるときなんかは〝強火〜中火〜弱火で炒める〟のが鉄則。玉ねぎは時間が経つに連れ、水分が抜けて火が入りやすくなるからね。具を煮込むときには、〝火の通りにくい順に加える〟と仕上がりが均一化する。

弱火ならいつも鍋中が静かなわけじゃない。たとえば〝弱火でふたをして圧力をかける〟と鍋中はボコボコ、グラグラと煮え立つようになる。

締めるところは締める、緩めるところは緩める。調理タイミングごとに適した加熱をすることを「火入れ」と僕は呼んでいる。実は、**カレーを作る上で最も仕上がりに差が出るのは、この「火入れ」**だと思う。火を制する者はカレーを制す。火を強めたら鍋中はどうなった？　火を弱めたらどうなった？　そのとき、どんな味が生まれる？　それを常に観察してほしい。ほら、今、あなたの火は、いい仕事してる？

STANDARD CHICKEN CURRY
スタンダードチキンカレー

□ LESSON ┊ 1-1 ┊ 🔥 ┊ 火	難易度 ：	初級 ★・・ 上級
	辛さ ：	甘口 ・★・ 辛口
	味 ：	さっぱり ・★・ こってり

» 強火で炒め、弱火で煮込む

「強気で炒め、弱気で煮込む」と言い換えてもいいかな。前半はしっかり火を入れて素材を脱水し、香味を引き立てる。水を加えたら人が変わったかのように優しく煮込む。ツンデレってやつだよね。

材料（4人分）

植物油…大さじ3

ホールスパイス
- ●グリーンカルダモン…4粒
- ●シナモン…½本
- ●クローブ…6粒

玉ねぎ（スライス）…中1個（250g）
にんにく（すりおろし）…1片
しょうが（すりおろし）…2片
トマトピューレ…大さじ3

パウダースパイス
- ●コリアンダー…大さじ2
- ●レッドチリ…小さじ1弱
- ●ターメリック…小さじ½強

塩…小さじ1強
水…200㎖
紅茶…200㎖
鶏手羽元…8本（550g）

下準備

にんにくとしょうがは100㎖の水（分量外）で溶いてGG（ジンジャー＆ガーリック）ジュースにしておく。

炒める

1

鍋に油を中火で熱し、ホールスパイスを加えてカルダモンが膨らんでくるまで炒める。

2

玉ねぎを加えて強火にして炒める。均等に薄く切らなくても大丈夫。

3

鍋を軽くふりながら鍋中を混ぜ合わせ、油を玉ねぎの表面全体に絡め合わせる。

4

ゴムベラや木べらで玉ねぎをつぶすような感覚で押しながら炒めていく。

5

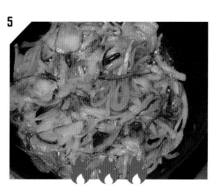

強火のまま鍋中をあまり触らずに焼きつけるように炒める。

火
スパイス
玉ねぎ
油
水
塩
隠し味

6

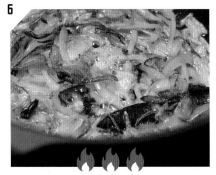

焦げそうなら強めの中火に落としてもよい。脱水が進むと油がジュワジュワとしてくる。

7

> 均一に色づけることよりも、しっかりと火を入れて香味を立たせることの方が大事。

表面全体がキツネ色になるまで炒める。玉ねぎのふちは火の入りが強いため、タヌキ色になる。

8

GGジュースを加えて水分が飛ぶまで炒める。GGジュースはよく混ぜておくといい。

9

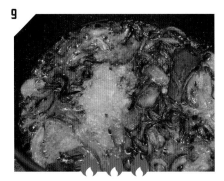

水分が飛ぶまで火が入ると、にんにくとしょうがの青臭い香りもちょうどよく飛ぶ。

10

玉ねぎの色味が均一化して全体的に深まってくる。ねっとりした状態を目指す。

11

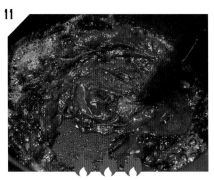

トマトピューレを加えてさっと混ぜ合わせ、炒める。というか煮詰めるような状態になる。

12

トマトピューレは水分が少ないが、それでも鍋中に入った水分はしっかり飛ばす。

13

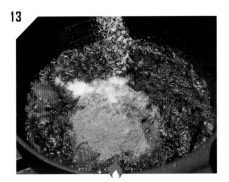

火を弱めて、パウダースパイスと塩を加えて混ぜ合わせる。

14

弱火のまま最低1分以上、できれば2〜3分は炒めたい。油とスパイスが融合して香りが強まる。

スパイスが鍋中全体にいきわたるように混ぜ合わせながら火を入れると、香りが立ってくる。

煮る

15

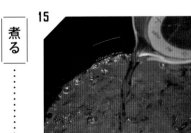

水を加えて火を強め、煮立ったら続いて紅茶を加えて再び煮立てる。

16

鶏肉を加えてざっと混ぜ合わせ、ふつふつとするまで煮立てる。

17

弱火にしてふたをする。できる限り弱い火加減で。それでも圧力がかかってよく煮込まれる。

18

45分ほど煮込む。密閉性の高いふたの方が鍋中の水分量が保たれてオススメ。

FINISH!

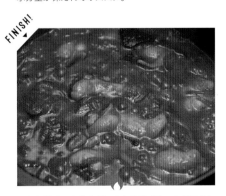

ふたを開けて全体をざっとかき混ぜる。水が足りなければ適宜足す。

火

スパイス

玉ねぎ

油

水

塩

隠し味

FISH CURRY

フィッシュカレー

						難易度：	初級 ★‥ 上級
☐ LESSON	┊ 1-2	┊ 🔥	┊ 火			辛さ：	甘口 ・★・ 辛口
						味：	さっぱり ・★・ こってり

» 煮立てて味にメリハリを生む

メリハリってのはすごく大事。カレーを引き締める行為なんだ。要するに味が薄まったりぼやけたりするのを避けたい。だから何かにつけてグツグツと煮立てるのがいいんだ。ビシッと鞭打つ感覚かな。

材料（4人分）

植物油…大さじ3

ホールスパイス

● マスタードシード…小さじ1

● レッドチリ（種を取り除く）…4本

長ねぎ（小口切り）…1本

にんにく（すりおろし）…小さじ1

しょうが（すりおろし）…小さじ1

トマト（みじん切り）…1個

パウダースパイス

● コリアンダー…大さじ1

● パプリカ…小さじ2

● ターメリック…小さじ1

塩…小さじ1強

水…250㎖

ココナッツミルク…200㎖

ぶり（あれば、あらの部分）…500g

下味用

● ターメリック…少々

● 塩…少々

● レモン汁…1個分

下準備

にんにくとしょうがは100㎖の水（分量外）で溶いてGGジュースにしておく。

ぶりは食べやすいサイズに切り、下味用の材料をもみ込んでおく。

下準備

1

下味をつけておくと魚の臭みが和らぎ、味わいが強まる。魚介類定番の下準備。

炒める

2

鍋に油を中火で熱し、ホールスパイスを加えてマスタードシードがはじけてくるまで炒める。

3

強火にし、長ねぎを加えて炒める。玉ねぎよりも火が入りやすく、想像以上に甘味も出る。

4

ざっと混ぜ合わせ、長ねぎの表面全体に油を絡め合わせるようにして炒める。

5

キツネ色になるまで炒める。ときどきゴムベラでつぶすようにするといい。

6

GGジュースを加えて炒める。加えたら鍋を少し揺らして全体にいきわたらせる。

7

長ねぎの形が崩れ、全体がジュクジュクした状態になる。

8

トマトを加えてざっと混ぜ合わせ、ゴムベラでトマトをつぶしながら炒める。

9

油がにじみ出てきてブクブクと泡立つ感じになる。水分が飛び始めている合図。

10

弱火にしてパウダースパイスと塩を加えて炒める。スパイスは混ぜておかなくてもいい。

11

スパイスが油分と水分を吸い込み、しっとりとして全体がペースト状になる。

12

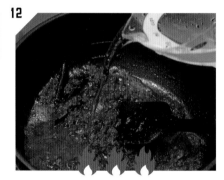

水を加えて強火にして煮立てる。表面がふつふつとしてくるまで。

13

ココナッツミルクを加えて煮立てる。ココナッツミルクは泡立て器などで混ぜておくとよい。

14

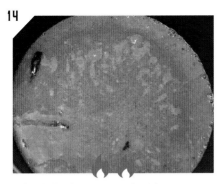

鍋中の色味が均一になるまで混ぜ合わせる。ココナッツミルクの白が見えなくなるまで。

15

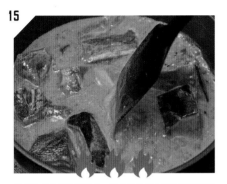

ぶりを加えて煮立てる。魚を加えると鍋中の温度が下がるため、いったん強火にする。

16

弱い火で優しく煮込むのが基本だが、「ふつふつ」をキープできる火加減にするには調整が必要。

火を弱めて表面がふつふつとした状態を保ちながら10分ほど煮る。

17

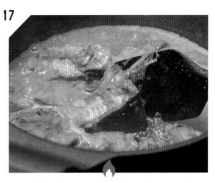

魚の表面全体にソースが絡むまでゴムベラでまんべんなく混ぜ合わせる。

18

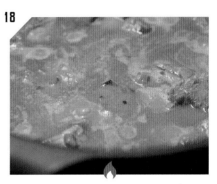

魚に火を通すことが目的だが、火を通しすぎると煮崩れて磯臭い感じが出てしまうので注意。

FINISH!

使う鍋の材質によって油脂分の浮き方に差が出るが、ソースがなじんでいればOK。

オレンジ色の油脂分がうっすら浮いてくるくらいが完成の目安。

CHICKPEA CURRY
チックピーカレー

☐ **LESSON** ┊ **1-3** ┊ 🔥 ┊ **火**

難易度 ：	初級 ★・・ 上級
辛さ ：	甘口 ・・★ 辛口
味 ：	さっぱり ★・・ こってり

» 強火〜中火〜弱火で炒める

火加減を把握しよう。鍋底全体にまんべんなく火が当たるのが強火。鍋底に炎の先が当たるか当たらないか程度が弱火。その間が中火。自分なりの火の強さをモノサシにして、レッツ加熱コントロール！

材料（4人分）

植物油…大さじ2

ホールスパイス

　●クミンシード…小さじ1

にんにく（みじん切り）…2片

玉ねぎ（スライス）…小1個（200g）

パウダースパイス

　●コリアンダー…大さじ1

　●パプリカ…大さじ1

　●レッドチリ…小さじ2

塩…小さじ1強

砂糖…小さじ1

トマトピューレ…100g

ひよこ豆（水煮）…250g

ブラックオリーブ（種なし）…100g

水…400㎖

1 鍋に油を中火で熱し、クミンシードとにんにくを加えて炒める。

2 玉ねぎを加えて強火にし、5分ほど炒める。中火にしてさらに5分ほど炒める。弱火にしてさらに5分ほど炒める。

3 パウダースパイスと塩、砂糖を加えて混ぜ合わせる。

4 トマトピューレを加えて水分を飛ばすように炒める。

5 ひよこ豆とオリーブを加え、水を注いで煮立て弱火で10分ほど煮る。

これが最も**オーソドックスな玉ねぎの炒め方**だよね。炒め始めの生玉ねぎは硬い。だから、強火で焼きつけるようにして表面をこんがりさせながら火を入れて、玉ねぎから水分を出しやすくする。少ししんなりしてきたら、表面ばかりが焦げてしまわないように。中火にする。クタッとして来たら弱火にする。ゴムベラで混ぜる回数は、最初は少なめに、後半に行くに連れてだんだん忙しくなっていく。玉ねぎの火の入り方を見ながら**チューニング**する感じかな。

火

スパイス

玉ねぎ

油

水

塩

隠し味

MIXED VEGETABLE CURRY
ミックスベジタブルカレー

☐ **LESSON** ⋮ **1-4** ⋮ 🔥 ⋮ **火**

難易度 :	初級 ★・・ 上級
辛さ :	甘口 ★・・ 辛口
味 :	さっぱり ★・・ こってり

» 火の通りにくい順に加える

素材は火が通りにくいものを先、火が通りやすいものを後に加える。こ
れが鉄則。そんなの当たり前だよね。でも当たり前が大事。すべての素
材が一度にゴールテープを切れるように計算するんだ。

材料（4人分）

植物油…大さじ2

ホールスパイス

　●クミンシード…小さじ1

玉ねぎ（2cm角に切る）…中1個（250g）

セロリ（1cm角に切る）…⅓本

パウダースパイス

　●コリアンダー…小さじ2

　●パプリカ…小さじ1

　●ターメリック…小さじ1

塩…小さじ1強

水…500㎖

にんじん（1cm角に切る）…小1本

じゃがいも（2cm角に切る）…1個

カリフラワー（小房に分ける）…¼株（130g）

トマト（1cm角に切る）…中1個（200g）

はちみつ…小さじ1

香菜（ざく切り）…1本

1 鍋に油を中火で熱し、クミンシードを加えてシュワシュワと泡立つまで炒める。

2 玉ねぎとセロリを加えてキツネ色になるまで炒める。

3 弱火にし、パウダースパイスと塩を加えて混ぜ合わせる。

4 水を注いで煮立て、にんじんを加えて弱火のままふたをして10分ほど煮る。ふたを開けてじゃがいもを加えてふたをして5分、ふたを開けてカリフラワーを加えてふたをしてさらに5分、トマトを加えてふたをせずに5分ほど煮る。

5 はちみつと香菜を混ぜ合わせる。

それぞれの野菜ごとに**適切な煮込み時間**がある。それに従って投入する順序をずらしていくのがいいけれど、すべての野菜がクタクタになった状態が好きなら、同時に加えてもいい。その場合、最も火の通りにくいにんじんに火が入るタイミングを**煮込みの完了に設定する**とうまくいく。

火

スパイス

玉ねぎ

油

水

塩

隠し味

SLICED BEEF CURRY

スライスビーフカレー

	LESSON	1-5	🔥	火

難易度 :	初級 ★・・ 上級	
辛さ :	甘口 ★・・ 辛口	
味 :	さっぱり ・★・ こってり	

» 弱火でふたをして圧力をかける

不安になるくらい弱火にしてふたをする。しばらくしたら耳を澄ませて
ごらん。グツグツする音が聞こえる。パッとふたを取ったらその瞬間、
素材はポコポコと煮えている。鍋にかかる圧力は侮れない。

材料（4人分）

ごま油…大さじ2
玉ねぎ（スライス）…小2個（400g）
牛ロース肉（5mm幅スライス）…400g

マリネ用
● プレーンヨーグルト…200g
● アーモンドプードル（あれば）…大さじ2
● 塩…小さじ1強

パウダースパイス
● コリアンダー…小さじ1
● クミン…小さじ1
● ガラムマサラ…小さじ1
● パプリカ…小さじ1
● ターメリック…小さじ½

下準備

マリネ用の材料とパウダースパイスをボウルに加えてよく混ぜて、牛肉を加えてもみ込んで30分ほど置く。

1 鍋に油を熱し、玉ねぎを加えてふたをして、弱めの中火で薄いキツネ色（イタチ色）になるまで15分ほど蒸し焼きにする。ふたをしたままときどき鍋全体をふるといい。

2 マリネした牛肉をマリネ液ごと加えて混ぜ合わせ、再びふたをしてさらに15分蒸し煮にする。

> **ふたをして焼く、ふたをして煮る。** 2度繰り返すだけ。なんともカンタン。ただ、最初の玉ねぎは、鍋の厚さや材質によって火の入り方が違う。だから、こげつきやすい材質や薄手の鍋の場合は、**ふたをしたまま鍋をふって**鍋中を混ぜ合わせた方がいい。もし、中の状態が不安だったら、たまにはふたを開けてゴムベラで混ぜてもいいよ。そんなときは、蒸気が出て鍋から熱が逃げ出してしまうから、煮る時間を少し長めにしておこう。

火

スパイス

玉ねぎ

油

水

塩

隠し味

2

SPICE

スパイス

≫

香りを生むスパイスの "技" が
身につくレッスン

QUESTION

スパイスの香りはどう引き立てる？

ANSWER

今、あなたが作ろうとしているチキンカレーからスパイスをすべて取り除いたら、カレーじゃなくてチキン煮ができる。それもあり。でも、カレーにしたければスパイスは不可欠。

スパイスにはエッセンシャルオイルってものが含まれている。それが香りや辛味の素になっているんだけど、カレーに使うスパイスの多くは、温度が上がると強まり、油脂分と絡むことで定着するという特徴があるんだ。これを知っていればスパイスの使い方の基礎は身についたも同然。ところが香りの引き立て方や加え方には無数のバリエーションがあるのだよ。ふふふ。

たとえば、スパイスそのものの香りだけじゃなく、香ばしさも加えたかったら、意図的に〝焙煎して香りを引き立てる〟方法がある。スリランカではローステッドカレーパウダーと呼ばれるものを使うけど、あのビターな香りが食欲をそそる。肉を使ったカレーの場合、〝マリネして風味をなじませる〟のもいいよね。ゆっくり時間をかけて肉にスパイスの香りが移る。同じスパイスを別々に鍋に加えるのとは違ってまとまりのいい香りが生まれるんだ。

〝水で溶いて香りをゆっくり引き出す〟なんてやり方もあるよ。インドの一部の地域ではウェットマサラなんて呼ばれていてね。水を蒸気で逃がしながらじわじわ香りを出せるんだ。ちょっと似ているのがスパイスをペーストにする技。〝ホールとペーストを合わせる〟と香りに奥行きが出るから。

タイミングも大事。〝油で炒めて仕上げに加える〟カレーは、香りが豊か。鮮度抜群、ピチピチの香りが鼻腔を刺激してくれる。

選ぶスパイスや配合バランスは本書のレシピを信じてみよう。1本の映画を作るとしたら、あなたの仕事は監督だ。キャスティングは僕に任せて、何を使うかよりもどうやって活かすかに期待しているよ。

どんな状態のスパイスをいつのタイミングで加えるか、その後、どう加熱するのかによって、香りの生まれ方は千差万別なんだ。大事なことは2つ。温度を上げれば香りは立ちのぼる。立ちのぼったまま消え去っては困るから、どんな方法でもいいから鍋中にある油脂分と絡め合わせる。融合させて定着させるんだ。「行かないで……」とね。

BITTER PORK CURRY
ビターポークカレー

				難易度	初級 ・★・ 上級
☐ LESSON	2-1	🌶	スパイス	辛さ	甘口 ・★・ 辛口
				味	さっぱり ・★・ こってり

» 焙煎して香りを引き立てる

スパイスってのは不思議でね、加熱すると香りが引き立つ。エッセンシャルオイルが揮発するからなんだ。さらに加熱すると香ばしくなっていく。どこまでやって何を引き出すかはマエストロ次第さ。

材料（4人分）

パウダースパイス
- ●クミン…大さじ1
- ●コリアンダー…大さじ1
- ●ガラムマサラ…小さじ2
- ●レッドチリ…小さじ1

豚バラ肉（5mm幅スライス）…400g

植物油…大さじ2

にんにく（つぶす）…1片

しょうが（つぶす）…1片

玉ねぎ（厚めのスライス）…小1個（200g）

塩…小さじ1強

水…200ml

チョコレート…5〜10g

ココナッツミルク…200ml

ライム（¼に切る）…1個

2

うっすら煙が立ち始めたら弱めの中火にし、香ばしい香りがキッチリ立ってくるまで炒める。

3

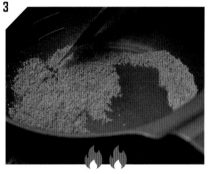

15分〜20分ほど焦がさないように慎重に火を入れる。ゴムベラを動かす手を止めないで。

4

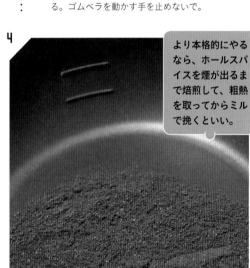

> より本格的にやるなら、ホールスパイスを煙が出るまで焙煎して、粗熱を取ってからミルで挽くといい。

こんがり色づくまでキッチリ炒める。もっと深く色づくまで焙煎してもOK。あとはお好みで。

焙煎する

1

鍋にパウダースパイスを加えて中火で焙煎する。焦げないように鍋中をよく観察すること。

火 🔥

スパイス 🥄

玉ねぎ 🧅

油 🫗

水 💧

塩 🧂

隠し味 🥄

5

火を止めてスパイスをボウルに取り出して、豚肉を加えてまぶしておく。

6

豚肉どうしがくっついている場合が多いため、菜箸などでほぐしながら混ぜるといい。

7

空いた鍋に油とにんにく、しょうがを加えて弱火で熱する。じわじわと火を通すイメージ。

8

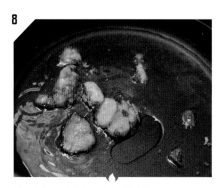

じっくりキツネ色になるまで炒める。コンロの火の場合は、鍋を傾けて油をためながら。

9

玉ねぎを加えて混ぜ合わせる。冷たい玉ねぎで鍋中の温度を下げるイメージで。

10

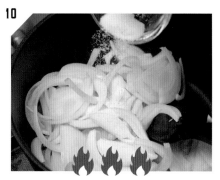

塩を加えて強火で熱し、ざっと混ぜ合わせてから3分ほど炒める。

11

厚めにスライスした玉ねぎだが、3分後にはしんなりしてくる。

12

スパイスをまぶした豚肉を加えて混ぜ合わせ、弱火でふたをして3分ほど火を入れる。

13

パウダースパイス
は温かい油脂分と
融合させることで
香りが引き立ち、
定着し、なじむ。

肉に付着していたスパイスが玉ねぎの表面にも移り、
全体的に同じ色味になるのが目安。

16

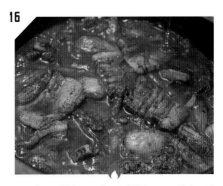

ふたをして弱火で15分ほど煮込む。この時点では
少し塩気が強め。

17

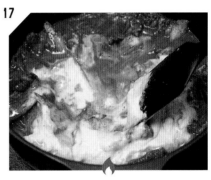

ココナッツミルクを加える。さっぱり仕上げたけれ
ば、ココナッツミルクを減らして水で代用。

煮る

14

水を注いで強火で煮立てる。グツグツとするまで火
を入れるのが大事。

18

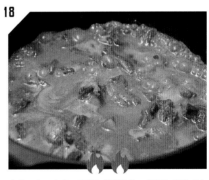

中火にしてさらに5分ほど煮込む。必要に応じて水
を足しながら。

15

チョコを加えて混ぜ合わせる。チョコの味や量はお
好みで。

FINISH!

ライムを絞って混ぜ合わせる。すっきりした味わい
でバランスを取る。

火

スパイス

玉ねぎ

油

水

塩

隠し味

MARINATED PORK CURRY

マリネポークカレー

	LESSON	2-2	🌶	スパイス

難易度	：	初級 ・・★ 上級
辛さ	：	甘口 ・・★ 辛口
味	：	さっぱり ・・★ こってり

» マリネして風味をなじませる

香りを眠らせておく作戦がある。マリネだ。素材にスパイスをなじませてしばらく置く。鍋の中で加熱されるそのときをじっと待つことになる。少しずつ香りが抽出され、完成間際に最大化するのだ。

材料（4人分）

植物油…大さじ3
玉ねぎ（スライス）…小1個
にんにく（すりおろし）…1片
しょうが（すりおろし）…1片
トマトピューレ…大さじ2
豚バラ肉（ひと口大に切る）…400g
ホールスパイス
　●クミンシード…小さじ1
　●マスタードシード…小さじ1
マリネ用
　●玉ねぎ（ざく切り）…小1個
　●酢…大さじ2
　●塩…小さじ1強
　●黒糖…小さじ1
パウダースパイス
　●コリアンダー…大さじ1
　●レッドチリ…小さじ2
　●ターメリック…小さじ1
赤ワイン…100㎖
水…400㎖
仕上げのスパイス
　●ガラムマサラ…小さじ1

下準備

にんにくとしょうがは100㎖の水（分量外）で溶いてGGジュースにしておく。

火 ♨

スパイス 🌶

玉ねぎ 🧅

油 🫗

水 💧

塩 🧂

隠し味 🥄

焙煎する

2

> ミキサーが回るギリギリの量の水を加える。ゴムベラなどを使って余さずボウルに入れる。

マリネする

マリネ用の材料とホールスパイス、水少々（分量外）を加えてミキサーでペーストにし、パウダースパイスを加える。

3

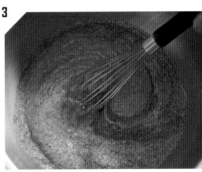

泡立て器などを使ってまんべんなく混ぜておく。

1

中火

ホールスパイスを乾煎りする。香ばしい香りが立ってくるまで。

4

豚肉を加える。脂肪分が気になる場合は、取り除いた状態で分量を用意する。

5

マリネ時間は30分ほどでもいいが、長ければ長いほど風味がなじむ。

よくもみ込む。豚肉の表面全体にマリネ液が絡むように。

炒める

6

鍋に油を熱し、玉ねぎを加えて強めの中火で炒める。ゴムベラでつぶすようにしながら。

7

玉ねぎのふちの部分が濃いキツネ色（タヌキ色）になるまで炒める。

8

GGジュースを加えて混ぜ合わせ、水分が飛ぶまで炒める。

9

水分がキッチリ飛ぶと全体が濃いタヌキ色（ヒグマ色）になる。

10

トマトピューレを加えて中火にし、さっと炒める。ここでうま味が加わる。

11

目指すのはこの状態。まだスパイスの香りは入っていないが香ばしい風味を感じる。

12

> 肉に絡まったスパイスの香りが引き立つまで徹底的に火入れすることが大事。

マリネした豚肉をマリネ液ごと加えて強火でしっかり炒める。

13

15分ほどは炒めたい。いったん鍋中の温度が下がるから煮立つまでは強火にする。

煮る

14

赤ワインを注いで煮立て、水を注いで強火で煮立てる。その都度に煮立てることが大事。

15

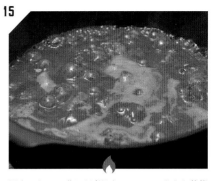

弱火にして45分ほど煮込む。ふつふつとした状態を保ち、ふたをしないで煮込む。

16

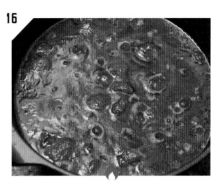

煮込み終わりは油脂分が浮く。とはいえ、弱火で煮込んでいるため、浮きすぎはしない。

17

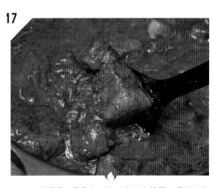

ソースは適度に乳化してなめらかな状態。香りはまとまりがいい。煮詰まりすぎたら適宜水を足す。

FINISH!

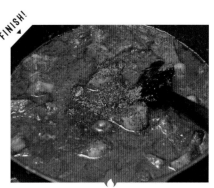

ガラムマサラを混ぜ合わせて仕上げの香りを加える。すぐに火を止めて煮込みすぎないこと。

火

スパイス

玉ねぎ

油

水

塩

隠し味

WET CHICKEN CURRY

ウェットチキンカレー

難易度 :	初級 ・★・ 上級
辛さ :	甘口 ・★・ 辛口
味 :	さっぱり ・・★ こってり

» 水で溶いて香りをゆっくり引き出す

スパイスを水で溶くっていう驚きの手法がある。スパイスは温かい油脂
分と融合させるべきなんだけど、その前に水を含ませるんだ。するとス
パイスは焦げずに適温でゆっくり香りを生み出してくれるから。

材料（4人分）

植物油…大さじ5

玉ねぎ（スライス）…小1個（200g）

骨付き鶏もも肉（ぶつ切り）…500g

ウェットマサラ用

●にんにく（すりおろし）…小さじ1

●しょうが（すりおろし）…小さじ1

●塩…小さじ1強

●マサラ用の水…150㎖

ホールスパイス

●グリーンカルダモン…3粒

●クローブ…3粒

●シナモン…½本

●クミンシード…小さじ1強

パウダースパイス

●コリアンダー…小さじ1

●ターメリック…小さじ1

●レッドチリ…小さじ1

ホールトマト（水煮）…200g

仕上げのスパイス

●ガラムマサラ…小さじ1強

●香菜（ざく切り）…2カップ（4本分）

2

水で溶いておくと
スパイスの加熱が
ゆっくり進むため、
香りが壊れにくい。

ウェットマサラ用の材料とホールスパイス、パウダースパイスをすべてよく混ぜ合わせておく。

3

にんにく、しょうが、パウダースパイスがだまにならないように。

1 下準備

ターメリックとレッドチリはあえて多め、コリアンダーはあえて少なめの配合。

4 炒める

鍋に油を熱し、玉ねぎを加えて強火で炒める。くっついている玉ねぎをほぐすように。

火

スパイス

玉ねぎ

油

水

塩

隠し味

5

油が多いため揚げるような状態になる。全体に油が回るとシュワシュワとしてくる。

6

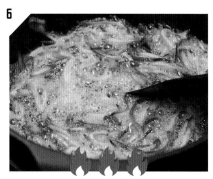

泡立ちがより強まってくる。強火のままゴムベラを手早く動かしてかき混ぜる。

7

焦げる手前まで火を入れる。途中で火を弱めてもう少しムラなく色づけてもよい。

8

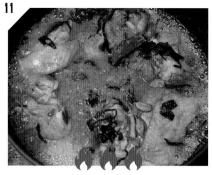

鶏肉を加えて混ぜ合わせ、表面全体が色づくまで炒める。

9

鶏肉が鍋中の温度を下げ、玉ねぎの焦げの進行を抑える役割を果たす。

10

ボウルを少し揺すってから鍋に加えると余すことなく使える。

ウェットマサラを加えて強めの中火で10分ほど煮る。

11

油をスパイスに吸わせていくイメージで、香りを少しずつ引き出す。

12

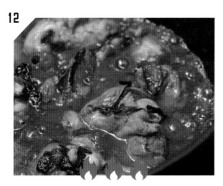

煮詰めていくとスパイスと油、水、玉ねぎが次第に
なじんでいく。

13

水分が飛ぶとともに肉に火が入り、油脂分が浮き、
ブクブクと泡立ってくる。

14

ホールトマトを手でつぶしながら加えて、中火で水
分を飛ばしながら再び煮詰める。

15

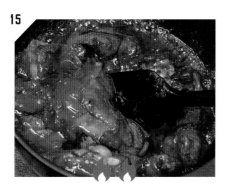

つぶしきれていないトマトをゴムベラでつぶし、脱
水を進める。

16

ふたをして弱火で30分ほど煮込む。鶏肉が軟らか
くなり、骨から肉が離れやすくなるまで。

17

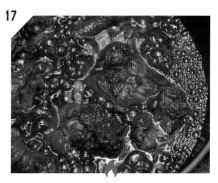

ふたを開けてざっと混ぜ合わせる。オレンジ色の油
脂分が分離している状態。

18

仕上げのスパイスのガラムマサラを加えて混ぜ合わ
せる。

FINISH!

仕上げのスパイスの香菜を加えて強火で煮詰める感
覚で水分を飛ばす。

PASTE CHICKEN CURRY

ペーストチキンカレー

				難易度	：	初級 ★・・ 上級
☐ LESSON	： 2-4	： 🌶	： スパイス	辛さ	：	甘口 ★・・ 辛口
				味	：	さっぱり ★・・ こってり

» ホールとペーストを合わせる

すりつぶすという行為が最もスパイスの香りを引き立てると僕は思う。
だから石臼や石板を使いたいところだけれど、なければミキサー。ドラ
イもフレッシュもペーストにすれば予想以上にパワーアップ。

材料（4人分）

植物油…大さじ3
ホールスパイス
　●グリーンカルダモン…4粒
　●シナモン…½本
にんにく（みじん切り）…1片
鶏手羽先（先の部分を切り落とす）…8本
パウダースパイス
　●コリアンダー…大さじ1
　●クミン…小さじ2
水…300㎖
じゃがいも（ひと口大に切る）…2個
ナンプラー…大さじ1
砂糖…小さじ1
ペースト用
　●スイートバジル…2パック(30g)
　●香菜（ざく切り）…1カップ
　●玉ねぎ（くし形切り）…小1個(200g)
　●グリーンチリ（あれば）…1本
　●ココナッツミルク…100㎖

下準備

ペーストの材料をミキサーでペーストにする。
100㎖ほどの水（分量外）を加えてもいいが、でき
るだけ少ない水分で回すのがいい。

1 鍋に油を中火で熱し、ホールスパイスとに
んにく、鶏肉を加えて、鶏肉の表面が色づ
くまで炒める。

2 パウダースパイスを加えて炒め合わせる。

3 水を注いで煮立て、15分ほど煮る。

4 じゃがいもとナンプラー、砂糖を加えてふ
たをして弱火で10分ほど煮る。

5 ふたを開けてペーストを加えて煮立て、
さっと煮る。

ドライのホールスパイスとパウダー
スパイス、フレッシュをペースト状
にした**スパイス（ハーブ）の
すべてを活用**するカレー。とて
も重層的で贅沢な香りが生まれる。
それぞれの香りの組み立てを考えて
最適なタイミングで加えるレシピ。
でも、実は、このスパイスを加える
タイミングをあべこべにした
としても、それはそれでまた違った
風味のカレーに仕上がっておいしい。
だからカレーはおもしろい。

火

スパイス

玉ねぎ

油

水

塩

隠し味

POTAGE BEAN CURRY
ポタージュビーンカレー

				難易度	：	初級 ★・・ 上級
☐ LESSON	： 2-5	： 🌶	： スパイス	辛さ	：	甘口 ・★・ 辛口
				味	：	さっぱり ★・・ こってり

» 油で炒めて仕上げに加える

油でスパイスを炒める行為をテンパリングって言う。特殊なカレー用語
だ。カレーの仕上げにやれば効果抜群。際立たせたい香りはどれ？　そ
れが決まればカーテンコールまで大事に取っておくとしよう。

材料（4人分）

水…1,000㎖
ムングダル…200g
パウダースパイス
　●ターメリック…小さじ½
　●レッドチリ…小さじ1
塩…小さじ1強
香菜（みじん切り）…2本
植物油…大さじ3
ホールスパイス
　●クミンシード…小さじ1
　●マスタードシード…小さじ1
にんにく（みじん切り）…1片
しょうが（みじん切り）…2片

下準備

ムングダルを洗ってざるに上げる。

1 鍋に水を入れてボイルし、半量のムングダルを加えて煮立てる。あくが出てきたら取り除き、10分ほど強火で煮る。

2 残りのムングダルを加えて煮立て、あくが出てきたら取り除く。パウダースパイスと塩を加えて強火で10分ほど煮る。

3 ムングダルが軟らかくなったら弱火にして泡立て器でよくかきまぜる。ぽってりとしたポタージュ状になったら香菜を混ぜ合わせておく。

4 フライパンに油を熱し、ホールスパイスを加えてマスタードシードがはじけてくるまで炒める。にんにくとしょうがを加えて炒め、油ごと鍋に加えて混ぜ合わせる。すぐにふたをしてしばらく置く。

5 ふたを開けてざっとかき混ぜ、弱火で5分ほど煮る。

火

スパイス

玉ねぎ

油

水

塩

隠し味

スパイスの香りは**加えてから口に運ぶまでの時間が短ければ短いほど強く香る。**すなわち、カレーを作るときに先に加えたスパイスよりも後で加えたスパイスの方が食べるときに印象的に香ることになるのだ。テンパリングでホールスパイスを加えるのは、そんな狙いから。この料理はインドでは〝ダールタルカ〟と呼ばれることもあって、半分くらいの豆の量でシャバッと仕上げることが多い。このレシピでは、煮崩れた豆のとろみと味わいを贅沢に楽しむ量にしている。

3

ONION

玉ねぎ

≫

玉ねぎの甘味やうま味を活かす〝技〟が
身につくレッスン

QUESTION

玉ねぎのうま味はどう引き出すの？

ANSWER

玉ねぎは頼りになるアイテムだ。うま味や甘味があって、ときに香ばしく、ときにとろりと舌ざわりがいい。だから玉ねぎでカレーをおいしくしようとするのは必然的な行為なんだ。ただ、厄介なのは、調理のバリエーションが無限にありすぎて手に負えないこと。どう切ったらいいの？ 炒めるの？ 揚げるの？ 煮るの？

この質問にシンプルにズバッと答えよう。食べたいカレーによってすべて違うのだよ。ごめん、そうとしか言えないんだ。それじゃ困るよね。**玉ねぎは加熱すれば甘味が引き立ち、色づければうま味が強まる。** ひとまずそう覚えておこっか。

さて、無数のバリエーションの中からいくつかを紹介しよう。

生の玉ねぎは辛くて刺激的だけれど、加熱すると優しい味になる。だから何はともあれ軟らかくするひとつが、〝蒸し煮にしてとろみをつける〟というもの。それだけでこんなに甘くなめらかになるの？ とまずは驚いてもらおうかな。

炒めたいなら強火でスタートが基本。玉ねぎを脱水したいからね。〝強火で水を加えて色づける〟のは、ちょっと難易度が高いけれど、慣れてくる

とカンタンにうま味と香味を引き出せる。〝油で揚げてうま味を強める〟のは、インドやパキスタンでイスラム教徒によく使われる手法。切った玉ねぎの表面がこんがりして油のうま味を適度に吸うから。ま、フライドオニオンを使っちゃってもいいけどね。

インドには玉ねぎを〝2通りの使い方で特徴を出す〟料理もある。玉ねぎの量を増やせば単純に味は強まるんだけど、切り方や加熱の仕方もダブルにすると味に深みが出るんだな。

玉ねぎは、カレーに様々な影響を与えるアイテムだ。あれがあるとおいしくなるのは、メイラード反応とかキャラメリゼという化学変化が伴うからだし、玉ねぎの状態変化がカレーソースのテクスチャーを決めたりするからなんだ。玉ねぎに執着したくなるのも無理はない。

でもね、実は、みんなが思っているほどカレーの味が玉ねぎに左右されるわけじゃない。だから、気軽に向き合えばいい。玉ねぎでなんとかおいしくしようとするんじゃなくて、イメージした味に近づけようとするくらいの心構えで。**「たかが玉ねぎ、されど玉ねぎ、でもやっぱりたかが玉ねぎ」** くらいの気持ちかな。

WHITE CHICKEN CURRY
ホワイトチキンカレー

☐ LESSON ⋮ **3-1** ⋮ 🧅 ⋮ 玉ねぎ

難易度：	初級 ・★・ 上級
辛さ：	甘口 ・★・ 辛口
味：	さっぱり ・・★ こってり

» 蒸し煮にしてとろみをつける

とろりとした玉ねぎの舌触りがどれほどカレーをおいしくするか、あなたはまだ知らない。甘味は引き立つし、風味も強く感じる。だから炒めるのではなく蒸し煮にするんだ。軟らかくなめらかになるまで。

材料（4人分）

バター…40g

ホールスパイス

●グリーンカルダモン…7粒

●クローブ…10粒

●シナモン…1本

●レッドチリ…2本

玉ねぎ（くし形切り）…小2個（400g）

塩…小さじ1強

水…200㎖

鶏もも肉…400g

ココナッツミルク…400㎖

パウダースパイス

●クミン…小さじ2

下準備

鶏肉の皮面に切込みを入れ、できれば塩こしょう
（分量外）をたっぷりふっておく。

2

バターが溶けてブクブクとし始めたころにはホール
スパイスが香りを出す準備が整う。

3

玉ねぎを加えることで鍋中の温度を下げ、バターが焦げるのを防ぐ。

中火にし玉ねぎを加えて混ぜ合わせる。玉ねぎをほ
ぐしておくとよりよい。

炒める

1

鍋にバターとホールスパイスを弱火で熱し、バター
が溶けるまで炒める。

4

塩をふって混ぜ合わせる。塩の浸透圧の効果で玉ね
ぎの味わいを引き出しやすくなる、はず。

5

水を注いで鍋を少し揺すってから強火にし、煮立てる。

6

ふたは密閉性が高いと玉ねぎに火が入りやすく、透明だと鍋中の状態を確認しやい。

ふたをして強火のまま蒸し煮にする。蒸し煮にする時間は鍋の材質や厚さによって変わる。

7

鍋中の水分がなくなってしまうことだけは避けたい。その場合は、適宜、水を足す。

8

玉ねぎがくたっとして、ほんのりキツネ色(イタチ色)になるのが目安。

途中からふたを開けて水分を飛ばすように煮詰める。

9

別の鍋に鶏肉を皮面から入れて強火で皮面をよく焼く。

10

裏返して反対の面をさっと焼き、取り出しておく。粗熱を取ってひと口大に切る。

11

別鍋で鶏肉に火を入れるのは手間がかかるが、確実においしくなる。

コンロがふた口使える場合は、玉ねぎと鶏肉を同時進行させてもいい。

14

鶏肉にはほとんど火が入っている状態なので、ソースとなじませる程度でいい。

弱火にしてふたをせずに10分ほど煮込む。煮詰まりすぎたら適宜、水を足す。

煮る

12

ココナッツミルクを加えてよく混ぜ合わせ、中火で煮立てる。

13

焼いた鶏肉を肉汁ごと加えて混ぜ合わせる。ゴムベラを使ってボウルについた肉汁もすべて加える。

FINISH!

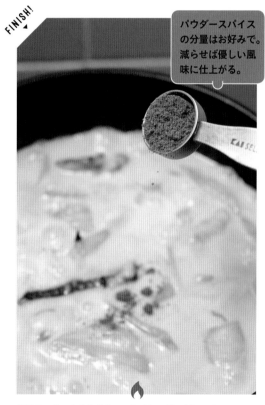

パウダースパイスの分量はお好みで。減らせば優しい風味に仕上がる。

煮込みのラスト3分くらいのタイミングでクミンパウダーを加えて混ぜ合わせる。

火

スパイス

玉ねぎ

油

水

塩

隠し味

SPINACH CURRY

スピニッチカレー

				難易度 :	初級 ・・★ 上級
☐ LESSON	: 3-2	: 🧅	: 玉ねぎ	辛さ :	甘口 ・・★ 辛口
				味 :	さっぱり ・★・ こってり

» 強火で水を加えて色づける

わざと焦がして水を注ぐ手法があるんだけど、ちょっとだけ難易度が高いみたい。目指したいのはメイラード反応。玉ねぎ全体をつぶすだけじゃなく、表面をこんがりさせてうま味を作るんだ。できるかな？

材料（4人分）

ほうれん草…25株（2把・400g）

グリーンチリ（あれば）…4本

ディル（あれば）…1房

マスタード油（なければ植物油）…大さじ3

ホールスパイス

　●クミンシード…小さじ1

　●レッドチリ…4本

にんにく（みじん切り）…2片

しょうが（みじん切り）…2片

玉ねぎ（みじん切り）…中1個（250g）

ホールトマト（水煮）…100g

パウダースパイス

　●ガラムマサラ…小さじ1

　●クミン…小さじ1

塩…小さじ1強

コーンスターチ…大さじ3

じゃがいも（皮をむいてひと口大に切る）

　…大1個（200g）

バター…20g

レモン汁…1個分

はちみつ…大さじ1

下準備

じゃがいもは水からゆでておく。

下準備

ほうれん草とグリーンチリをゆで、粗熱を取って半量をディルとミキサーにかけ、青菜ピューレにする。

2

残りのほうれん草とグリーンチリは包丁で細かく切って、青菜ペーストにしておく。

炒める

3

鍋に油を中火で熱し、ホールスパイスとにんにく、しょうがを加えてキツネ色になるまで炒める。

4

玉ねぎを加えて混ぜ合わせ、強火であまり鍋中を混ぜずに焼きつけるように炒める。

5

香ばしい香りが立ってきたら、60mℓほどの水（分量外）を加えて水分を飛ばす。

6

頼りにするのは香りと音と色味。強火で火を入れるが焦げないように注意。

炒める

キツネ色になったらまた焼きつけるような感覚で炒める。

7

ゴムベラを動かす手は次第に忙しくなっていく。玉ねぎが焼けるパチパチという音が強くなる。

8

再び水を加えて混ぜ合わせ、水分を飛ばすと濃いキツネ色（タヌキ色）になる。

9

焼きつけて水を加えるプロセスを3回ほど繰り返すと濃いタヌキ色（ヒグマ色）になる。

10

加えた水分を飛ばすプロセスで玉ねぎの脱水が促進される。ちょっと難易度は高め。

玉ねぎの形が崩れて水分が抜け、最初に加えた油がにじみ出てペースト状になる。

11

ホールトマトを手でつぶしながら加えて混ぜ合わせ、水分を飛ばすように炒める。

12

パウダースパイスと塩、コーンスターチを加えて
さっと炒める。

13

青菜ペーストを加えてよく混ぜ合わせ、中火にして
煮立てる。

14

青菜ペーストは青菜ピューレよりも歯触りと風味を
楽しめるのが特徴。

煮る

15

じゃがいもと青菜ピューレを加えて混ぜ合わせる。

16

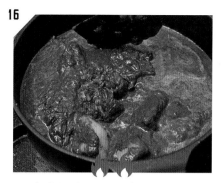

玉ねぎの茶色と青菜の緑が混ざる。全体の色味が均
一になるまで混ぜる。

17

弱火にしてバターとレモン汁、はちみつを混ぜ合わ
せる。量は好みで加減してもよい。

18

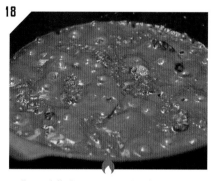

10分ほど全体がねっとりするまで煮る。色がくす
んでくるが、青菜の風味は際立つ。

FINISH!

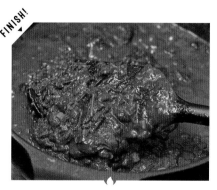

水分が適度に飛んでペタッとした状態になるのが目
安。

火

スパイス

玉ねぎ

油

水

塩

隠し味

MUSHROOM CURRY

マッシュルームカレー

☐ LESSON	3-3	🧅	玉ねぎ	難易度 :	初級 ・・★ 上級
				辛さ :	甘口 ★・・ 辛口
				味 :	さっぱり ・★・ こってり

» 油で揚げてうま味を強める

フライドオニオンってのは、ズルいアイテムだよね。要は揚げものだか
らさ、使えばカレーはおいしくなっちゃう。揚げ油を活用するのも揚げ
た後にミキサーでペーストにするのもポイント。新感覚のはず。

材料（4人分）

植物油…大さじ5
にんにく（みじん切り）…1片
しょうが（みじん切り）…1片
玉ねぎ（スライス）…中1個（250g）

ホールスパイス
　●クミンシード…小さじ1
　●グリーンカルダモン…4粒
　●クローブ…6粒
　●シナモン…½本
カシューナッツ（素焼き）…50g

パウダースパイス
　●ターメリック…小さじ1
　●ガラムマサラ…小さじ1
水…500mℓ
バター…20g
まいたけ（小房に分ける）…250g
マッシュルーム（5mm幅スライス）…150g
塩…小さじ1強
プレーンヨーグルト…100g

2

前半は玉ねぎの水分を抜くために強い火であまり鍋中をかき混ぜない。

強火にして揚げるように炒める。玉ねぎの周囲に油の泡がブクブクとし始める。

3

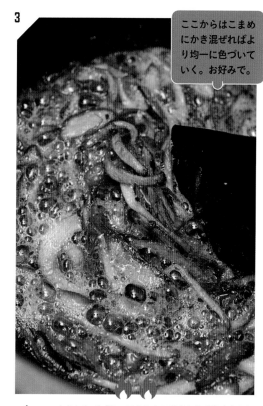

ここからはこまめにかき混ぜればより均一に色づいていく。お好みで。

中火にしてゴムベラをたまに動かしながら火を入れていく。

揚げる

1

鍋に油を強火で熱し、にんにくとしょうが、玉ねぎを同時に加える。

火
スパイス
玉ねぎ
油
水
塩
隠し味

4

濃いタヌキ色 (ヒグマ色) になるまで揚げる。焦げる可能性もあるので、少し手前で止めてもいい。

7

余熱で炒め合わせる。鍋中の温度がかなり上がっているので、短時間で手早く進める。

炒める

5

火を止めてホールスパイスを加えて混ぜ合わせる。

8

> 加えた水は鍋中の温度を下げ、玉ねぎやスパイスの焦げの進行を止める働きがある。

煮る

200mℓ分の水を注いで鍋を揺らし、中火にして水を全体にいきわたらせる。

6

> 一気に香りが立つ。パウダースパイスは焦げやすいので手早く。

カシューナッツとパウダースパイスを加えて混ぜ合わせる。

9

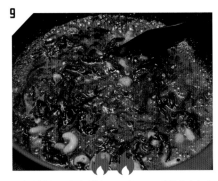

鍋中全体をよく混ぜ合わせてすべての素材をなじませる。

10

ふたをして弱火で10分ほど煮る。玉ねぎが水分を吸う。鍋が薄ければ5分ほどでも大丈夫。

11

適度に水分が飛んだ煮あがりの状態。ミキサーに移して粗熱が取れるまで待つ。

12

空いた鍋にバターときのこ類、塩を加えて熱し、ふたをして中火で5分ほど蒸し焼きにする。

13

きのこ類が自身の水分で蒸され、くたっとした状態になる。

14

11の玉ねぎベースの入ったミキサーにヨーグルトを加えてペーストにし、きのこ類の鍋に加える。

15

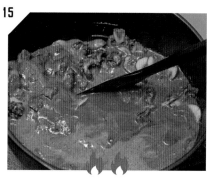

残り300㎖分の水を注いで煮立てる。ミキサーに残ったペーストをこの水でゆすいでから注ぐとよい。

16

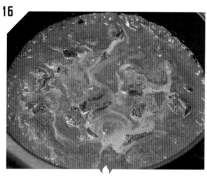

弱火にし、鍋中全体をゴムベラでなじむまでよく混ぜ合わせる。

FINISH!

ふたをして弱火で5分ほど煮込む。ふたを開けてとろみが弱ければ少し煮詰めて水分を飛ばす。

ONION CHICKEN CURRY

オニオンチキンカレー

					難易度 :	初級 ★・・ 上級
☐ LESSON	:	3-4	:	🧅 : 玉ねぎ	辛さ :	甘口 ★・・ 辛口
					味 :	さっぱり ★・・ こってり

» **2通りの使い方で特徴を出す**

玉ねぎをベースにするか、具にするか、それが問題だ。どっちも魅力的
で選べないんなら、両方とも採用すればいい。使う量が多くなるから、
その分、うま味成分も増す。いいとこ取りはオトナの特権。

材料（4人分）

植物油…大さじ3
鶏もも肉（ひと口大に切る）…500g
玉ねぎ（2cm角切り）…小1個（200g）
ししとう（斜め切り）…10本
ミニトマト（ヘタを取って半分に切る）…10個

ホールスパイス
　●マスタードシード…小さじ1
　●クミンシード…小さじ1
　●グリーンカルダモン…6粒
玉ねぎ（スライス）…1個
にんにく（すりおろし）…2片

パウダースパイス
　●コリアンダー…大さじ1強
　●ターメリック…小さじ1
　●レッドチリ…小さじ½
塩…小さじ1強
だし粉…小さじ½
水…400㎖

下準備

にんにくは100㎖の水（分量外）で溶いてジュースにしておく。
鍋に大さじ1の油を熱し、鶏肉を皮面から両面焼いて取り出しておく。粗熱が取れたら小さめのひと口大に切る。

1 鶏肉の油脂分が残っている鍋に角切りの玉ねぎを加えて、中火で表面がこんがりするまで炒める。ししとうとトマトを加えてさっと炒め、すべて取り出しておく（炒め野菜）。

2 空いた鍋に残りの油を熱し、ホールスパイスを加えてマスタードシードがパチパチはじけてくるまで炒める。

3 スライスした玉ねぎを加えてキツネ色になるまで炒める。にんにくジュースを加えて炒め、パウダースパイスと塩、だし粉を加えてざっと炒め合わせる。

4 水を注いで煮立て、鶏肉を戻して煮立て、ふたを開けたまま強めの中火で20分ほど煮る。

5 炒め野菜を戻し、強火で3分ほど煮詰める。

火

スパイス

玉ねぎ

油

水

塩

隠し味

カレーに玉ねぎのうま味を活かしたい場合、**どう切ってどう加熱するか**によって、様々な味わいが生まれる。それは確かに大事なことだけれど、実は、意外と意識していないのは、**玉ねぎの量**。1人分に使う玉ねぎの量がどの程度なのかによって、当たり前だけれど、うま味の量も変わる。このレシピは他のレシピの倍量の玉ねぎが入る点がポイント。

4

OIL

油

⌄

うま味を引き出す油の〝技〞が
身につくレッスン

QUESTION

なぜカレーは油でおいしくなるの？

もしあなたが本当においしいカレーを作ろうと思ったら、油をケチらない方がいい。油自体にパンチ力のあるうま味を感じるからね。**油は多ければ多いほどおいしく感じるかもしれない。**

でもなぁ……。あ、なんか困ってる？ ヘルシーじゃないって心配しているんだよね。気持ちはわかるよ。だったら、質のいい油を使えばいい。正体のわからない油じゃなくてね、何の植物から抽出しているのかがハッキリしている油。紅花油、ヒマワリ油、オリーブ油、ゴマ油などなど。

でもなぁ、でもなぁ……。あ、もうひとつ懸念材料が出てきたね。油っぽいカレーよりもすっきりしたものが好き？ そう、そういうのがいいときもあるよね。ひとまず、レシピ通りの分量で作ってみてよ。

食べる前に油の量を調整する方法ってのがあるんだ。きれいな油脂分を分離させて盛る。これなら自分の食べたい量の油を摂取できる。油でどのくらいカレーがおいしくなるのかをまずは知ってほしい。油を大量に使って味を強めるんだ。4人前で大さじ1より大さじ2、大さじ3の方がうま味は強い。100㎖加えたら、どんな味になる？

知ってから自分が好きな量を決めたらいい。

油には、それ自体のうま味以外の効果を期待できる。素材を素揚げして香味を活かすやり方もそのひとつ。メインの具となる野菜を素揚げするだけじゃなくて、ベースにする玉ねぎを揚げる場合もある。特に野菜には、ある程度の量の油がないと引き出せない香味やうま味というものがある。

味だけでなく、香りをコントロールできることも覚えておこう。油はスパイスや素材の香りを引き出せるから。強い香りを持つ油を活用すると油そのものがスパイスのような役割を果たすこともある。

すごいね、油って。そんな油のすごさを存分に活用するために、カレーを作るときには、調理の前半に投入することが多い。それは**鍋中にある素材の熱伝導率を上げる効果がある**からだ。水はどんなに沸騰させても100度にしかならないけれど、油が加われば鍋の中は200度近くまで上がる。素材の脱水や加熱が進むから味が濃縮されたり引き締まったりしやすいんだ。とにかく、徹底的に油に信用してみよう。それから先だね、あなたがどこまで油に頼るべきかを決めるのはさ。

BEEF CURRY

ビーフカレー

□ LESSON 4-1 油

難易度	：	初級 ・・★ 上級
辛さ	：	甘口 ・★・ 辛口
味	：	さっぱり ・・★ こってり

» きれいな油脂分を分離させて盛る

カレーを作っていて鮮やかなオレンジ色の油脂分がにじみ出てきたら気分が盛り上がる。そのカレーはきっとおいしいはずだから。じっくり煮込んでたっぷりにじみ出させて、必要な分だけ食べるのさ。

材料（4人分）

植物油…120ml
玉ねぎ（スライス）…大1個（300g）
にんにく（すりおろし）…1片
しょうが（すりおろし）…2片
牛スネ肉（小さめのひと口大に切る）…500g

パウダースパイス
　●クミン…大さじ1
　●グリーンカルダモン…小さじ2
　●パプリカ…小さじ1
　●ガラムマサラ…小さじ1
　●レッドチリ…小さじ½

塩…小さじ1強
ホールトマト（水煮）…150g
水…300ml

トッピング
　●しょうが（千切り）…2片
　●グリーンチリ（斜め薄切り）…1本
　●香菜（ざく切り）…2束
　●レモン（くし形切り）…½個

2

玉ねぎの周りがブクブクと泡立ってきたらゴムベラでこまめにかき混ぜる。

3

玉ねぎのふちがこんがりキツネ色（タヌキ色）になったらざるに上げる。

4

パラッとした仕上がりを目指したい。玉ねぎのうま味が残った油はそのまま活用する。

火
スパイス
玉ねぎ
油
水
塩
隠し味

揚げる

1

鍋に油を強火で熱し、玉ねぎを加えて揚げる。玉ねぎに油が絡むまで混ぜ合わせる。

ペーパータオルを敷いたバットに玉ねぎを移し、ほぐして乾燥させる。フライドオニオンの完成。

5

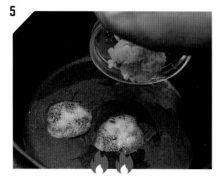

揚げ油の残った鍋ににんにくとしょうがを加えて中火でさっと炒める。

6

牛肉を加えて強火にし、全体を混ぜ合わせて肉の表面に油を絡め合わせる。

7

肉の表面全体がほんのり色づくまで炒める。ピンク色の部分がなくなるまで。

8

弱火にしてパウダースパイスと塩を加えて混ぜ合わせる。

9

鍋中にかなりの量の油脂分があるため、そこにスパイスを融合させて香りを立たせる。

10

ホールトマトと手でつぶしながら加え、中火で水分を飛ばすように炒める。

11

ここでフライドオニオンを戻すのは、その前に牛肉の表面をしっかり炒めておくため。

フライドオニオンを加えて形の残っているトマトをゴムベラでつぶしながら炒める。

12

フライドオニオンが軟らかくなり、ソースになじんでいく。

煮る

13

水を注ぐ。鍋中の温度が一度下がるため、火を強めて煮立てる。

14

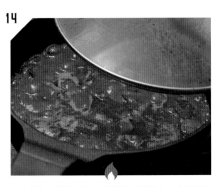

ふたをして弱火にし、1時間ほど煮込む。ときどきふたを開けて鍋中をかき混ぜながら。

15

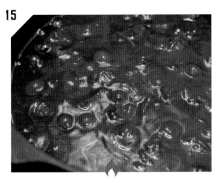

煮込みあがりは、オレンジ色の油脂分が分離して表面に浮いている状態。

16

うま味と香りが溶け込んだオイルはおいしさの素。濃厚なため、食べるときにお好みで。

浮いた油脂分をボウルなどに取り除いておく。できるだけソースをよけて油脂分のみをすくう。

17

しょうが、グリーンチリ、香菜を加え、レモン汁を絞ってレモンごと加える。

FINISH!

火を止めてざっと混ぜ合わせ、器に盛ってからお好みで油脂をまわしかける。

火

スパイス

玉ねぎ

油

水

塩

隠し味

PRAWN CURRY
プロウンカレー

				難易度 :	初級 ★・・ 上級
□ LESSON	: 4-2	: 🫙	: 油	辛さ :	甘口 ・・★ 辛口
				味 :	さっぱり ・★・ こってり

» 油を大量に使って味を強める

「油でカレーがおいしくなるならさ、躊躇せずに使ってみようよ」って
レシピ。ここまでは使えるんだな、とか、ここまで使うとこんなに味が
強まるんだな、とか。何ごとも経験。油の威力のお勉強。

材料（4人分）

植物油…100㎖
にんにく（みじん切り）…1片
しょうが（千切り）…2片
玉ねぎ（スライス）…中1個（250g）
ホールスパイス
　●クミンシード…小さじ½
　●クローブ…4粒
パウダースパイス
　●コリアンダー…大さじ1
　●レッドチリ…小さじ2
ホールトマト（水煮）…400g
水…200㎖
ココナッツミルク…200㎖
大正エビ…400g
マリネ用
　●ターメリック…小さじ½
　●レモン汁…½個分
　●塩…小さじ½
ナンプラー　大さじ2弱

下準備

エビは殻をむいて背に切込みを入れ、背ワタを取り除いてからマリネ用の材料と混ぜておく。

1 鍋に油を熱し、にんにくとしょうが、玉ねぎを加えて強火で濃いキツネ色（タヌキ色）になるまで炒める。油が多いので、揚げるような感じになる。

2 ホールスパイスを加えて混ぜ合わせ、パウダースパイスを混ぜ合わせる。

3 ホールトマトを手でつぶしながら加えてざっと混ぜ合わせ、ふたをして弱火で5分ほど煮る。

4 水を注いで煮立て、ふたをして弱火で5分ほど煮る。ふたを開けてココナッツミルクを注いで煮立てる。

5 マリネしたエビとナンプラーを加えて煮立て、エビに火が入るまで煮る。

油が多いとカレーはおいしくなる。あ、いや、おいしいかどうかは好みによるから、言い換えるならカレーは**濃厚な味わい**になる。それは、油を隠し味と捉えるような感じに近い。でも、それだけじゃないんだ。油が多く入ると鍋中の温度が全体的に高くなりやすい。そうすると、水を加える手前までの素材に強く熱が入るから、**脱水が進んだり香味が立ったり**する。メリハリが効いて引き締まった味わいにするためにも油は大事なパートナーなんだよね。

AUBERGINE CURRY

オーベルジーンカレー

難易度 :	初級 ・★・ 上級
辛さ :	甘口 ★・・ 辛口
味 :	さっぱり ★・・ こってり

☐ **LESSON** ⋮ **4-3** ⋮ 🫗 ⋮ 油

» 素材を素揚げして香味を活かす

炒めてベースを作るだけじゃなく、具の下処理にも油は活躍してくれる。
なすに吸わせた油が煮込みでソースに抽出される。油が行ったり来たり
することで、鍋の中のうま味が次第に強まっていくんだ。

材料（4人分）

揚げ油…適量
なす（大きめの乱切り）…500g
玉ねぎ（くし形切り）…2個
パウダースパイス
　●クミン…大さじ1
　●ガラムマサラ…小さじ1
　●グリーンカルダモン…小さじ1
塩…小さじ¼
黒糖…小さじ1
黒すりごま…大さじ1
水…400㎖
ナンプラー…大さじ2弱
レモン汁…½個分
ごま油…少々
しょうが（千切り）…2片

下準備

鍋に油を熱し、なすを加えて素揚げにし、こんがりしたら取り出しておく。次に玉ねぎを加えて表面がこんがりするまで揚げて取り出しておく。揚げ油は取り除く。

1　空いた鍋に揚げ玉ねぎを加えて玉ねぎをつぶしながらさっと炒める。

2　パウダースパイスと塩、黒糖、黒すりごまを加えて、中火で焦げる直前までキッチリと炒め合わせる。100㎖の水（分量外）を加えてさらに炒める。もう一度、100㎖の水（分量外）を加えて煮詰める。

3　水を注いで煮立て、なすとナンプラーを加えて混ぜ合わせ、ふたをして弱火で15分ほど煮る。

4　弱火のまま、レモン汁とごま油、しょうがを混ぜ合わせる。

鍋の中に入れた油の移動を考えながらカレーを作るのは楽しい。マニアックな視点だけどね。「**今、油はどこにいるのかな？**」と観察したり、「そろそろこっちに移ってくるよね」と推測したりしてみる。ついでにその油がどんな役割を果たしているかも想像してみる。「ああ、なすの表面をこんがりさせてるな」とか「**玉ねぎの水分と戦ってるよ**、そのうち勝つよね」とかね。油を観察してみよう。

火
スパイス
玉ねぎ
油
水
塩
隠し味

FLAVORED FISH CURRY

フレーバードフィッシュカレー

□ LESSON	┊ 4-4	┊ 🫙	┊ 油	難易度 ：	初級 ★・・ 上級
				辛さ ：	甘口 ・★・ 辛口
				味 ：	さっぱり ・★・ こってり

» 強い香りを持つ油を活用する

カレーに香りを生むアイテムはスパイスだけじゃないことを覚えよう。
香り油は強い味方。ごま油もココナッツ油もマスタード油も、スパイス
には出せない香りを加えてくれる。ま、ズルい道具だけれどね。

材料（4人分）

ごま油（あればマスタード油）…大さじ3
ホールスパイス
　●レッドチリ…2本
　●クミンシード…小さじ1
　●マスタードシード…小さじ1
玉ねぎ（すりおろし）…½カップ
にんにく（すりおろし）…小さじ1
しょうが（すりおろし）…小さじ1
パウダースパイス
　●ターメリック…小さじ1
　●コリアンダー…小さじ1
　●グリーンカルダモン…小さじ1
塩…小さじ1強
砂糖…小さじ1強
水…400㎖
生クリーム…100㎖
生タラ（5切れ・ひと口大に切る）…500g
仕上げのスパイス
　●ガラムマサラ…少々

1 鍋に油を強めの中火で熱し、ホールスパイスを加えて炒める。

2 玉ねぎとにんにく、しょうがを加えて3分ほど炒める。

3 パウダースパイスと塩、砂糖を加えて弱火で3分ほど炒める。

4 水を注いで煮立て、ふたをして弱火で5分ほど煮る。

5 ふたを開けて生クリームを加えて煮立て、タラとガラムマサラを加えて煮立て、中火で5分ほど火が通るまで弱火で煮る。

> 油には本当に**いろんなフレーバー**がある。その香りを活用することは、スパイスを使うのと同じくらいの影響力があるんだ。特に香りが強いのは、ココナッツ油やマスタード油、次がごま油かな。ギーもいい香り。オリーブ油はちょっと繊細。加熱すると香りが飛びやすい。ホールスパイスを漬け込んでおけば**自分の好きなフレーバーオイル**を作れるのもいいね。楽しみが増えそう。

火
スパイス
玉ねぎ
油
水
塩
隠し味

5

WATER

水

≫

脱水と加水で味をコントロールする〝技〟が
身につくレッスン

QUESTION

―――――

成功の秘訣は水、失敗の原因も水？

ANSWER

カレーができた。味見をしてみる。あれ？ イマイチ味が決まらないなぁ。そんなときはどうすればいい？ カンタンな方法は2つある。煮詰めるか塩を足すんだ。割とこれで解決する。煮詰めて水分を飛ばしていくと相対的に塩分濃度が高まるのだから、目的はひとつだ。要するに味が濃縮される。脱水すれば味は濃くなり、加水すれば味は薄まる。単純なことだけど、レシピを見ながらカレーを作ると忘れてしまうことが多い。書いてある通りにやらなきゃ、と思ってしまうからね。脱水と加水をコントロールできるようになれば、カレー作りのレベルは格段に上がる。でも、それだけじゃないんだ。水はすごい。

カレーができあがったら、どのくらいの量になったかを気にしてみるといい。ひとまず仕上がり800㎖のカレーを目指す。その量がベストとは限らない。自分の中で基準ができるのがいい。完成の量だけでなく、途中も大事だけれどね。しっかり脱水してしっかり加水するのと、中途半端に脱水して少なく加水するのは同じ量になるけれど、前者の方がおいしくなる。グラムで計れたらより

正確。いずれにしても、鍋中の量を常に気にするようになるだけでスキルアップするんだ。

水を使わず素材の水分を引き出すのもおもしろい。肉も野菜も意外なほど水分を含んでいるから、使わない手はない。水以外の〝水分〞を活用することもできる。ココナッツミルクでもお酒でもスープでもいい。どれにしても水よりは味がハッキリしている。

たっぷりの水でグツグツと煮る手法は、実践してみると水の意外な効果に気づかされる。不思議なことに完成したカレーのソースは、想像以上に舌触りがなめらかで美しいんだ。

前半に脱水、後半に加水がカレー作りの基本。加熱して素材の水分を抜き、鍋の外へ逃がすことで、味が深まる。鍋に水を加えて煮込むと水が味を吸い込み、素材に戻していく。そうやって水は鍋の中で循環していくんだ。クラスをまとめる学級委員長のようなものだと思えばいい。誰からも好かれる優等生。鍋の中にあるすべてを水が調和し、融合してくれる。カレーを作るときに思い出してほしい。水は今、どこにいる？ 水は今、何をしてる？

CARDAMON CHICKEN CURRY

カルダモンチキンカレー

難易度 :	初級 ★・・ 上級	
辛さ :	甘口 ★・・ 辛口	
味 :	さっぱり ★・・ こってり	

☐ **LESSON** ┊ **5-1** ┊ 💧 ┊ 水

» 仕上がり800㎖のカレーを目指す

あなたが作る "4人分のカレー" は、何㎖ (何g)？ 僕は1人前のカレーを200㎖ (約200g) と決めている。4人分で800㎖を目指すんだ。脱水と加水を駆使してゴールテープを切るゲームだと思えば楽しいよ。

材料（4人分）

植物油…大さじ3
玉ねぎ（スライス）…中1個（250g）
セロリ（すりおろし）…⅓本（30g）
鶏もも肉…500g
パウダースパイス
　●コリアンダー…大さじ1強
　●クミン…小さじ1
　●グリーンカルダモン…小さじ1
　●ターメリック…小さじ1
塩…小さじ1強
白ワイン…100mℓ
水…300mℓ
プレーンヨーグルト…100g

下準備

セロリは100mℓの水（分量外）で溶いてセロリ
ジュースにしておく。

マリネする

1

鶏肉は皮を剝いでひと口大に切り、パウダースパイ
スと塩をもみ込んでおく。

2

手でもみ込むとまんべんなく鶏肉の表面をコーティ
ングできる。

炒める

3

鍋に油を中火で熱し、玉ねぎを加えてキツネ色にな
るまで炒める。

4

中火のままゴムベラをこまめに動かしながら全体的
に色づけていくよう意識する。

5

セロリジュースを加えて水分を飛ばすように炒める。
セロリのフレッシュな香りがなじむ。

火

スパイス

玉ねぎ

油

水

塩

隠し味

6

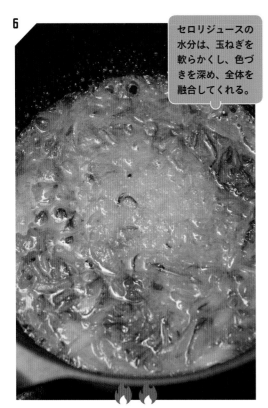

セロリジュースの水分は、玉ねぎを軟らかくし、色づきを深め、全体を融合してくれる。

鍋に加えたセロリジュースは鍋中全体にいきわたるように混ぜ合わせ、炒める。

炒める

7

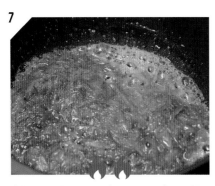

水分が飛んだあたりで、先ほどの玉ねぎよりも深めの色（タヌキ色に近い）になっている。

8

中火のままマリネした鶏肉を加える。ボウルに残ったスパイスもすべて。

9

強火にして鍋中をよく混ぜながら、鶏肉の表面全体が色づくまで炒める。

10

しっかり煮立てることでアルコール分も適度に飛ぶ。

煮る

白ワインを注いで煮立てる。鍋を揺すって白ワインを鍋底に浸透させるイメージ。

11

水分が飛び、油脂分がにじみ出る。ワインが鍋中の素材と融合してほんのり香る程度。

12

一度に全量の水を加えるよりも二度に分けた方が味わいにメリハリが生まれる。

水を2回に分けて加えて、その都度ポコポコとするまで煮立てる。

13

ふたをせず弱火で20分ほど煮込む。表面がふつふつした状態をキープ。

14

ヨーグルトを加えてよく混ぜ合わせながら、弱火のままさっと煮る。

FINISH!

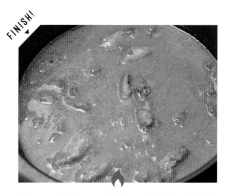

程よいとろみがついたら完成。水は適宜、足りなければ足す。

グラムで重量を測る方法もありだが、容量の方が視覚的にイメージがつきやすいかな。

大きめの計量カップがあれば、全量を移して800mlになるかどうかを確認してみよう。

プラス50ml〜マイナス50ml以内くらいの誤差におさまれば上出来！

火

スパイス

玉ねぎ

油

水

塩

隠し味

DRY KEEMA CURRY

ドライキーマカレー

» 水を使わず素材の水分を引き出す

肉にも野菜にも実は想像している以上に水分が含まれている。これで味をコントロールできる。素材から水分を抜いてうま味を抽出。水分を外に飛ばして味を濃縮。水分を素材に戻して味をまとめよう。

材料（4人分）

植物油…大さじ3
玉ねぎ（粗みじん切り）…大1個（300g）
にんにく（すりおろし）…1片
しょうが（すりおろし）…1片
ココナッツファイン（あれば）…½カップ（45g）
パウダースパイス
　●コリアンダー…大さじ1
　●グリーンカルダモン…小さじ2
　●パプリカ…小さじ1
　●ターメリック…小さじ½
塩…小さじ1強
鶏もも挽き肉…500g
コーン（水煮）…100g

1 鍋に油を中火で熱し、玉ねぎを加えて表面がこんがりキツネ色（タヌキ色）になるまで炒める。

2 にんにくとしょうがを加えて青臭い香りが飛ぶまで炒める。

3 ココナッツファインとパウダースパイス、塩を加えて、全体がペースト状になるまで炒める。

4 挽き肉を加えて強火にし、ざっと混ぜ合わせ、ふたをして弱火で5分ほど蒸し煮する。

5 コーンを加えてよく混ぜ合わせ、ふたをして弱火で15分ほど煮る。

6 ふたを開けて、挽き肉をほぐしながら水分を飛ばすように2〜3分ほど炒める。

水の動きだけを追いかけながら調理するとおもしろい。玉ねぎから出た水分は一部、鍋の外に出ていく。玉ねぎの中に残った水分は、パウダースパイスの香りを吸い込む。挽き肉を炒めた後に蒸し煮にすると、肉の中にある水分が鍋の中に出て玉ねぎやスパイスと融合し、ソースを作る。そのソースはコーンの水分と一緒になって、挽き肉の中に戻っていく。戻り切らない水分は最後の煮詰めるプロセスで一部、鍋の外に逃げていく。結果、ソースは濃厚に、挽き肉はふくよかで味わい深くなる。**水ってすごい！**

火

スパイス

玉ねぎ

油

水

塩

隠し味

OKRA CURRY

オクラカレー

☐ **LESSON** ┊ **5-3** ┊ 💧 ┊ 水

難易度	：	初級　・★・　上級
辛さ	：	甘口　・★・　辛口
味	：	さっぱり　★・・　こってり

» 水以外の〝水分〟を活用する

水の代用になる水分はいくらでもある。ブイヨンやだし、生クリーム、
ココナッツミルク、アルコール類……。そのものに味があるのだから、
深みは出やすい。もちろん、ヨーグルトの水分だって同じ。

材料（4人分）

植物油…大さじ3
ホールスパイス
　●クミンシード…小さじ1
　●マスタードシード…小さじ1
にんにく（みじん切り）…1片
しょうが（みじん切り）…1片
玉ねぎ（粗みじん切り）…小1個（200g）
パウダースパイス
　●レッドチリ…小さじ1
　●ターメリック…小さじ1
塩…小さじ1強
オクラ（2㎝幅に切る）…30本（300g）
プレーンヨーグルト…400g
トマト（1㎝角に切る）…1個（200g）
香菜（ざく切り）…適量

1　鍋に油を中火で熱し、ホールスパイスを加えて、はじけてくるまで炒める。

2　にんにくとしょうがを加えてほんのり色づくまで炒める。

3　玉ねぎを加えてしんなりするなるまで炒める。

4　パウダースパイスと塩、オクラを加えてふたをして中火のまま3分ほど蒸し煮にする。

5　ヨーグルトを加えて、ふたをして弱火で3分ほど煮る。

6　ふたを開けてトマトと香菜を混ぜ合わせ、ふたをあけたまま3分ほど煮る。

水の代わりにヨーグルトを使うというのは**かなりマニアックな手法**。乳製品のコクが出るけれど、酸味もしっかりつくから、好みが分かれるところかも。ヨーグルトが鍋中に入ってからはふたをして3分、ふたを開けて3分の合計6分間煮ることになるが、**ふたをすると圧力がかかる**ため、このレシピのように分離するケースもある。気になる人は、ふたを開けたまま煮るか、煮る時間を少なめにしてもいい。

火

スパイス

玉ねぎ

油

水

塩

隠し味

STEWED CHICKEN CURRY

シチュードチキンカレー

					難易度：	初級 ・★・ 上級
☐ LESSON	⋮ 5-4 ⋮	💧	⋮ 水		辛さ：	甘口 ・★・ 辛口
					味：	さっぱり ・★・ こってり

» たっぷりの水でグツグツと煮る

水には不思議なチカラがある。鍋中全体を調和させてくれるんだ。あえ
て大量の水を加え、あえて強火でグツグツと煮る。鍋中に対流が起こり、
素材もスパイスも見事に混ざり合う。ソースが美しく仕上がるのさ。

材料（4人分）

植物油（あればココナッツ油）… 大さじ3
ホールスパイス
　●マスタードシード … 小さじ½
　●クミンシード … 小さじ½
　●レッドチリ … 4本
にんにく（みじん切り）… 1片
しょうが（千切り）… 1片
玉ねぎ（スライス）… 大1個（300g）
パウダースパイス
　●コリアンダー … 大さじ1強
　●パプリカ … 小さじ1強
　●ターメリック … 小さじ½
塩 … 小さじ1強
トマトピューレ … 100g
鶏もも肉（大きめのひと口大に切る）… 500g
水 … 800㎖
ココナッツミルク … 大さじ3

1　鍋に油を中火で熱し、ホールスパイスを加えて炒める。マスタードシードがはじけてくるまで。

2　にんにくとしょうがを加えてこんがりするまで炒める。

3　玉ねぎを加えて強火でキツネ色になるまで炒める。

4　パウダースパイスと塩を加えて香ばしい香りが立ってくるまで中火で3分ほど炒める。

5　トマトピューレを混ぜ合わせ、鶏肉を加えて炒め合わせる。

6　半量の水を注いで強火で煮立て、残りの水を加えて再び煮立て、強火のままふたをせずに30分ほどグツグツと煮る。

7　ココナッツミルクを加えて5分ほど煮る。火を止めてできればふたをして10分ほど落ち着かせる。

カレーの煮込みは**弱火でコトコトが鉄則**。その方が具がおいしくなるからだ。特に肉の場合は顕著だと思う。ところが、このレシピは真逆。強火で長時間、グツグツと煮てしまう。鶏肉の味わいは外に出てしまい、肉質はボロボロになってしまう。油脂分も分離しやすくなる。その代わり、水が長時間鍋中で**沸騰して暴れまわる**ことで生まれるソースの独特のなめらかさやとろりとした状態を重視している。小麦粉を使ったわけじゃないのにシチューのような仕上がり。これはこれでおもしろく、おいしい。

火
スパイス
玉ねぎ
油
水
塩
隠し味

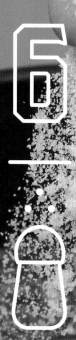

LESSON

6

SALT

塩

>>

味を生み出し、味を決める〝技〟が
身につくレッスン

QUESTION

塩が活躍するタイミングは、いつ？

あなたにぴったりな塩加減はどれくらい？ ちょうどいい塩加減、塩梅というのは、困ったことに全員違う。だからいつも僕はこう言うんだ。「レシピに書いてある塩の量は信用しないで」とね。その後で心の中で自分に突っ込む。お前がレシピを書いといて何言ってんだ！ でも、塩の量は自分で決めるのがいちばんなんだ。最終的にカレーの味を決めるのは塩だ。だから最後に塩味をチェックする余地を残しておかなきゃいけない。90％ならなんとかなる。100％だったら完璧。でも、110％の塩分を入れちゃったらどうすることもできない。

ちなみに僕の好みの塩分濃度は、カレーの重量に対して1％〜1.05％だった。塩分濃度計で計ってみたんだ。体調やカレーの種類によっても変わるんだけどね。

もし、ひと口めから「うまい！」という味わいにしたかったら、塩味を強めにしてインパクトを生むといい。経験上、インド料理のカレーはかなり塩味がきつい。おいしいもんね。

塩には最後に味を決める以外にも役割がある。ちょっと難しい話になるけれど、塩には素材から水分を引き出す作用（浸透圧）と、素材（主に肉や魚）をみずみずしく保つ作用（タンパク質の溶解）がある。その結果、素材のうま味を感じやすくなるんだ。それなら塩で脱水し、味を引き立てるのはカレーにも有効な方法だ。そんな作用が塩にあるんだとすれば、素材を加えるごとに塩を加える方が、素材のおいしさがその都度引き出され、全体的にカレーの味わいをアップしてくれるはずだ。

塩が威力を発揮するのは、肉や魚、野菜だけじゃない。スパイスに対しても同じだと僕は思っている。塩でスパイスの香りを引き立てることができる。辛味も同じく。だからパウダースパイスを加えるタイミングで塩を加えるのがオススメ。

結局、カレーに使うすべての素材は、塩のおかげでその魅力を引き出してもらっていることになる。最高のパートナーと言っていい。塩は風味の源。味も香りも塩次第。だったらパートナー選びは慎重にしたい。できるだけおいしい塩を選ぶ。自分の塩加減だけじゃなく、塩の銘柄も決めておく。そして選んだら、浮気しないでずっと使い続けるんだ。まあ僕は作るカレーによって好みの塩を使い分けているけどね。

SALTY CHICKEN CURRY
ソルティチキンカレー

				難易度 :	初級 ・★・ 上級
☐ LESSON : 6-1 : 🧂 : 塩				辛さ :	甘口 ・★・ 辛口
				味 : さっぱり ・★・ こってり	

» 塩味を強めにしてインパクトを生む

塩は魔法のアイテム。増やせば増やしただけ「おいしい!」が強まる気がするのだから。だったらどこまでおいしくなるのか、チャレンジしてみたくなはないかい? 何ごとにも限界はあるのだよ、ふふふ。

材料（4人分）

ごま油…大さじ3

ホールスパイス
- ●マスタードシード…小さじ½
- ●クミンシード…小さじ¼
- ●レッドチリ（種を取り除く）…4本

にんにく（みじん切り）…2片

グリーンチリ（あれば・小口切り）…2本

玉ねぎ（2cm角に切る）…小2個（400g）

塩…小さじ2

鶏もも肉（ひと口大に切る）…600g

パウダースパイス
- ●コリアンダー…大さじ1
- ●ターメリック…小さじ1

砂糖…小さじ½

ホールトマト（水煮）…100g

水…100mℓ

仕上げのスパイス
- ●香菜（ざく切り）…½カップ

にんにくを加えてほんのりキツネ色（イタチ色）になるまで炒める。

グリーンチリを加えて炒める。レッドチリは表面が黒っぽく焦げてきても大丈夫。

焦げないように注意しながらしつこく20分ほどは炒めたい。

玉ねぎを加えて半量の塩を加え、強火にして炒め合わせる。

炒める

鍋に油を中火で熱し、ホールスパイスを加えて炒める。マスタードシードがはじけてくるまで。

火 ♨

スパイス 🔥

玉ねぎ 🧅

油 🫗

水 💧

塩 🧂

隠し味 🖋

5

炒め始めの前半はゴムベラをなるべく動かさないようにする。

6

後半になるに連れて徐々に忙しくかき混ぜるようにする。塩の浸透圧の効果で脱水が進む。

7

こんがりしたキツネ色（タヌキ色）になるまで炒めると油がうっすらにじみ出てくる。

8

鶏肉を加えて表面全体が色づくまで炒める。ピンク色の部分がなくなるまで。

9

弱火にしてパウダースパイスを加えて混ぜ合わせる。スパイスの香りが立ちのぼる。

10

弱火のまま残りの塩と砂糖を加えて炒める。この時点でカレーの味の半分は決まる。

11

塩は鍋中の素材が持つ熱によって溶け出し、水分と融合してから素材の味わいを引き出す。

肉の表面で徐々に溶けていく様が美しい。油脂分と水分と塩の融合。

12

脱水が進めば進むほど相対的に塩味が強まり、全体的に濃厚なうま味が生まれる。

中火にして水分をキッチリ飛ばし切るイメージで火を入れていく。

13

ホールトマトを手でつぶしながら加えて混ぜ合わせ、炒める。

14

トマトの水分は徹底的に飛ばす。形の残っているトマトはつぶす。

15

水を注いで煮立てる。ドバッと加えるよりも少しずつ加えた方が温度変化が少なくていい、と思う。

16

鶏肉に火が通るまでふたを開けたまま強めの中火で10分ほど煮る。

17

仕上げのスパイスを加える。香菜の香りが気になる人は早めに投入。

FINISH!

このカレーは、シャバッと仕上げてもとろっと仕上げてもいい。僕はとろみを強めたい派。

火

スパイス

玉ねぎ

油

水

塩

隠し味

SAUTEED LAMB CURRY
ソテードラムカレー

☐ **LESSON** ┊ **6-2** ┊ 🧂 ┊ 塩

難易度 :	初級 ★・・ 上級
辛さ :	甘口 ・★・ 辛口
味 :	さっぱり ・★・ こってり

» 塩で脱水し、味を引き立てる

肉に塩をふるのは常とう手段。肉の表面で塩が溶け出し、肉の中に浸透
し、肉の味を外に連れ出してくれる。ただし、塩がそこまでの仕事をす
るには時間がかかる。だから、ちょっとは辛抱するのも大事。

植物油…大さじ3
ラムチョップ…500g

マリネ用
- ●梅酒…大さじ3
- ●長ねぎ（小口切り）…1本
- ●にんにく（みじん切り）…3片
- ●しょうが（すりおろし）…2片
- ●塩…小さじ1強

パウダースパイス
- ●クミン…大さじ1
- ●コリアンダー…小さじ2
- ●パプリカ…小さじ2
- ●レッドチリ…小さじ1
- ●ガラムマサラ…小さじ1
- ●ターメリック…小さじ½

トマトピューレ…大さじ3
水…400㎖
タイム（あれば）…1枝
生クリーム…100㎖

下準備

ラムチョップの骨を取り除き、肉の部分を食べやすいサイズに切る。マリネ用の材料とパウダースパイスをすべてボウルに混ぜ合わせ、ラム肉にもみ込んでおく。骨は捨てずに取っておく。

1 鍋に油を強火で熱し、マリネした肉をマリネ液ごと加えて炒める。鍋底にならした状態でしばらく放置し、肉の表面全体が色づくまできっちり炒める。

2 トマトピューレを加えてさっと炒める。

3 水を注いで煮立て、骨とタイムを加えて弱火にしてふたをして30分ほど煮込む。

4 ふたを開けて生クリームを加えてさっと煮る。

ジャマイカで教えてもらったカリーゴートっていうカレーのレシピがある。それを自分なりに進化させたのがこのレシピ。マリネしてささっと炒めて水を入れたらふたをした鍋で煮るだけ。それをもう少し丁寧なプロセスにしている。教わったレシピは、塩を一切使わなかったんだ。「チキンパウダーに十分入ってるから、塩は要らない」って。それ、うま味調味料なんだよね。自分で作るならおいしい塩を使いたいな、と思った。**塩はすべての素材の味を引き出し、料理を完成させるアイテム**だから。おいしい塩を探そうね。

火

スパイス

玉ねぎ

油

水

塩

隠し味

EGG & POTATO CURRY
エッグ＆ポテトカレー

					難易度 :	初級 ★・・ 上級
☐ LESSON	:	6-3	:	🧂 : 塩	辛さ :	甘口 ・★・ 辛口
					味 :	さっぱり ★・・ こってり

》 素材を加えるごとに塩を加える

理想的な塩のふり方を伝授しよう。何かを加えるたびに必ず塩をご一緒に。まるでコバンザメのようにね。何度も何度も加えて素材の味を引き立てて最終的に100％の量の塩を加えるんだ。面倒？　がんばれ！

植物油…大さじ3
ゆで卵…5個
ホールスパイス
　●マスタードシード…小さじ1
　●クミンシード…小さじ1
にんにく（みじん切り）…2片
カレーリーフ（あれば）…20枚
玉ねぎ（粗みじん切り）…中1個（250g）
塩…小さじ1強
じゃがいも（小さめの乱切り）…小2個
ココナッツファイン（あれば）…½カップ
パウダースパイス
　●コリアンダー…大さじ1
　●ターメリック…小さじ1
　●レッドチリ…小さじ1
トマト（1cm角に切る）…大2個

下準備

鍋に油を熱し、ゆで卵を加えてふたをし、中火で表面がこんがりするまで揚げる。ふたを開けてゆで卵をボウルに取り出し、つぶしておく。

1　空いた鍋にホールスパイスを加えてふたをし、マスタードシードがはじけてくるまで中火で炒める。

2　にんにくとカレーリーフ、玉ねぎ、⅓の量の塩を加えて玉ねぎの表面がキツネ色になるまで炒める。

3　じゃがいもと⅓の量の塩を加えて炒める。

4　弱火にしてココナッツファインとパウダースパイスを炒め合わせる。

5　トマトと⅓の量の塩を加えてざっと混ぜ合わせ、ふたをして弱火で15分ほど炒め煮する。ふたを開けて水分を飛ばしながら中火で5分ほど煮詰める。

6　ゆで卵を戻して混ぜ合わせる。

たとえば僕がラタトゥイユを作ろうとしたら、なす、パプリカ、ズッキーニ……とそれぞれに塩をふって加熱して混ぜ合わせる。もしくは、火の通りにくいものから順に加えていく。もちろん、**新しい野菜を加えるたびに塩をふってね**。塩の量は野菜のアイテム数で割るんだ。4種類の野菜なら25%ずつ、5種類の野菜なら20%ずつ。塩が素材の味わいを引き立ててくれるから、**「おいしくなあれ」**とおまじないをかけるみたいなもんだよね。それをカレーに応用しない手はない、ということ。

火
スパイス
玉ねぎ
油
水
塩
隠し味

GRILLED SALMON CURRY

グリルドサーモンカレー

					難易度：	初級 ・★・ 上級
☐ LESSON	┊	6-4	┊ 🧂	┊ 塩	辛さ：	甘口 ・★・ 辛口
					味： ┊	さっぱり ・★・ こってり

» 塩でスパイスの香りを引き立てる

パウダースパイスと塩は蜜月の関係にある。スパイスの香りも辛味も塩
とともにあることでより引き立つから。不思議だけど僕はそう実感して
いる。だから、ふたりの間を決して引き裂いちゃいけないよ。

材料（4人分）

植物油…大さじ2
にんにく（みじん切り）…1片
しょうが（みじん切り）…1片
玉ねぎ（スライス）…小1個（200ｇ）
長ねぎ（1cm幅小口切り）…1本
セロリ（5mm幅スライス）…⅓本

パウダースパイス
●コリアンダー…大さじ1
●カルダモン…小さじ2
●レッドチリ…小さじ1
●パプリカ…小さじ1
●ターメリック…小さじ1
塩…小さじ1強
トマトピューレ…大さじ3
水…100㎖
鮭（無塩）…大6切れ分（500ｇ）
そら豆…10本分
いんげん（2cm幅に切る）…20本（100ｇ）
みょうが（斜め薄切り）…2個
ライム…1個

下準備

鮭はグリルで焼いて骨を取り除き、ほぐしておく。
皮の部分は細かく切る。
そら豆はたっぷりの塩（分量外）を入れた湯でゆで、
皮をむいておく。
いんげんもゆでてざるに上げておく。

1 鍋に油を中火で熱し、にんにくとしょうが、玉ねぎを加えてしんなりするまで炒める。

2 長ねぎとセロリを加えて色づくまで炒める。

3 パウダースパイスと塩を加えてキッチリ炒める。

4 トマトピューレを加えて炒める。

5 水を注いで煮立て、ふたをして弱火で3分ほど煮る。

6 ふたを開けて鮭とそら豆、いんげん、みょうがを加えて混ぜ合わせ、ライムを絞って強火で炒め合わせる。

火
スパイス
玉ねぎ
油
水
塩
隠し味

スパイスに〝味つけ〟という作用はない。あったとしても極めて弱い。そう、だから、料理にスパイスを使ってもスパイスの味はつかないんだ。スパイス自体がまったくの無味というわけじゃない。ためしに食べてみるといい。ほんのりと雑味や苦味がするだろう。でも、その味を素材や料理につけるわけじゃない。**スパイスは〝香りづけ〟**であり、その香りが素材の味わいを引き立てる。**塩は〝味つけ〟**であり、その味が素材の味わいを引き立てる。だから、セットがいいんだ。スパイスと塩がタッグを組めば無敵になるのだよ。

7

SECRET INGREDIENT

隠し味

≫

技がなくてもおいしくする
〝隠し技〟が身につくレッスン

QUESTION

カレーの隠し味、トップ4は何？

カンタンにカレーをおいしくしたい。わかるよ。わかる。みんなそう言う。だから僕はこう言うんだ。カレーをおいしくするのはカンタンだよ！ きっぱりとね、言い切る。でも本心は違う。心の中では「そんなにカンタンじゃないよ」と思っている。必要な手間はかけたらかけただけおいしくなるのがカレーという料理だから。

そこで、この矛盾を解決するアイテムに頼ることになる。それが、隠し味だ。あっという間においしくなる素材を加えられる。なんと便利なことだろう。手間をかけなくていいのは、"隠し味"そのものが手間をかけて作られているから。あなたがかけるべき手間を他の人がやってくれている。要するに手抜きの道具であり、隠し味でカレーをおいしくするのはズルい行為なんだ。ま、でもいいよね、おいしくなるんなら。

オススメの隠し味は挙げ出したらキリがないし、あなたの食べたいカレーや作るカレーによって相性はいろいろ。決め切れない。でも、どんなカレーにも汎用的に使える心強いアイテムがあるので紹介しよう。

乳製品でおいしくするのは、王道。バター、生クリーム、ヨーグルトを使うインドのバターチキ

ンカレーは典型的な例だけれど、カレーのトッピングでもチーズが大人気。コクが出るからわかりやすいおいしさが生まれる。

もしかしたら最も強烈な隠し味になるかもしれないのは、甘味でおいしくする方法だ。たとえば玉ねぎを懸命に炒めて甘味を出すのは手間がかかるけれど、甘味を加えてしまえば玉ねぎと向き合わなくていいから楽だ。

だしでおいしくするのや発酵調味料でおいしくするのは、日本人にとっては特に魅力的な味わいを作る方法かもしれない。僕たちはとりわけこれらのうま味が大好きだから。

隠し味を使うときに心がけたいことはひとつ。隠し味だから隠れていることが大事。量は控えめに。何が入っているかバレてしまうような使い方は避けよう。カレーをおいしくするためには2つの方法しかない。材料を工夫するか、作り方を工夫するか。技術が必要になる後者に比べれば、材料を加えるのは比較的カンタンだ。隠し味を加えるのは誰にでもできる。うま味調味料なんて飛び道具もあるけれど、まあ、それは、やめておこう。隠し味に頼らなくてもよくなってきたら、技術が上がった証拠になるかもね。

BUTTER CHICKEN CURRY
バターチキンカレー

☐ **LESSON** ┊ **7-1** ┊ 🥄 ┊ 隠し味

難易度 ：	初級 ・★・ 上級
辛さ ：	甘口 ・・★ 辛口
味 ：	さっぱり ・・★ こってり

» 乳製品でおいしくする

バターチキンカレー作りで失敗する人はいない（はず）。だって、乳製品のうま味オンパレードだもの。バター、ヨーグルト、生クリーム。切ない話だけれど、このカレーにあなたのテクニックは不要なのかも。

材料（4人分）

バター…50g

鶏むね肉（大きめのひと口大に切る）…400g

パウダースパイス

●クミン…小さじ2

●パプリカ…小さじ2

●グリーンカルダモン…小さじ2

●レッドチリ…小さじ2

マリネ用

●プレーンヨーグルト…大さじ5

●レモン汁…少々

●塩…小さじ1

●はちみつ…小さじ2

●マスタード油（あれば）…少々

トマト（ざく切り）…中3個（600g）

生クリーム…200mℓ

水…200mℓ

仕上げのスパイス

●しょうが（千切り）…2片

漬け込み（マリネ）時間は経験上、48時間までは長ければ長いほどいい。

マリネ用の材料を加えてもみ込み、30分ほど漬け込む。できれば2時間ほど。

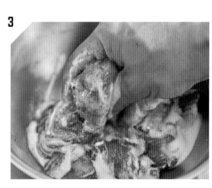

もみ込むときには手の指を使うのがオススメ。マリネ液が肉にまんべんなくいきわたる。

火

スパイス

玉ねぎ

油

水

塩

隠し味

マリネする

ボウルに鶏肉を入れてパウダースパイスをもみ込む。他のものと混ぜる前にスパイスだけを先に。

肉にピタッとくっつけるような状態でラップをするといい。長時間マリネなら冷蔵庫で。

5

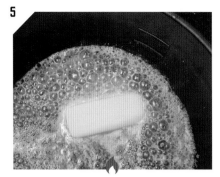

鍋にバターを弱火で熱する。バターは焦げやすいので注意。

6

マリネした鶏肉を加えて鍋中をよく混ぜ合わせ、強火にする。

7

鶏むね肉は火を入れすぎると硬くなってしまうため、高温で表面だけを焼くイメージ。

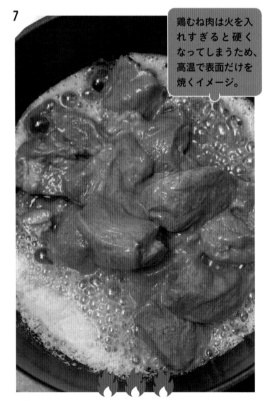

表面全体が色づくまで炒める。中まで火を通す必要はない。

8

ヨーグルトと肉の水分が鍋中に広がるため、飛ばしながら火を入れていく。

9

一度火を弱め、焼き汁を鍋中に残し、鶏肉だけを取り出しておく。余熱で中まで火を通す。

10

トマトを加えて強火にし、焼きつけるようにさっと炒める。

11

ゴムベラでつぶしながら火を入れ、トマトを崩れやすくする。

煮詰める

12

ふたをして中火で20分以上かけてペースト状になるまで煮る。

13

ふたを開けてさらに10分ほど煮詰める。形の残っているトマトをつぶしながら。

14

ゴムベラで鍋底をこすると道（カレーロード）がはっきりできるくらいまでペースト状に。

煮る

15

生クリームを注いで煮立てる。生クリームの量を減らしたかったら、その分、水の量を増やす。

16

水を注いで煮立てる。グツグツとさせて、鍋中が混然一体となったきれいなソースを目指す。

17

> 肉にはほぼ火が入っているので煮込みすぎないこと。肉の表面とソースをなじませる感じ。

弱火にし、鶏肉を戻して混ぜ合わせる。肉汁がボウルに残っていたらゴムベラで余すことなく。

FINISH!

仕上げのスパイスを混ぜ、さっと煮る。器に盛ってからトッピングしてもいい。

火 🔥

スパイス

玉ねぎ

油

水 💧

塩

隠し味

MARMALADE CHICKEN CURRY

マーマレードチキンカレー

				難易度 ：	初級 ★・・ 上級
☐ LESSON	： 7-2	： 🥄	： 隠し味	辛さ ：	甘口 ★・・ 辛口
				味 ：	さっぱり ・★・ こってり

» 甘味でおいしくする

甘いはうまい。甘味は人間が最初に感知する味覚らしい。これで〝おいしい″のセンサーが開くんだって。甘いはズルい。砂糖やはちみつやジャムのようなものはさ、できることなら使いたくないけどね。

材料（4人分）

植物油…大さじ3
しょうが（千切り）…3片分
玉ねぎ（くし形切り）…大1個（300g）
鶏もも肉（ひと口大に切る）…500g

パウダースパイス
　●コリアンダー…小さじ2
　●クミン…小さじ2
　●グリーンカルダモン…小さじ2
　●ガラムマサラ…小さじ2
塩…小さじ1強
白ワイン…100mℓ
水…400mℓ
マーマレード…大さじ2

下準備

鶏肉にパウダースパイスと塩をもみ込んでおく。

1 鍋に油を強火で熱し、しょうがと玉ねぎを加えて濃いキツネ色（タヌキ色）になるまで炒める。

2 マリネした鶏肉を加えて表面全体が色づくまで炒める。

3 白ワインを加えて煮立て、水を注いで煮立て、マーマレードを加えて混ぜ合わせ、ふたをしてごく弱火で20分ほど煮込む。

僕には肉のカレーにフルーツやフルーツを使ったお酒を合わせる場合の好きな組み合わせがあってね。**ビーフにはブルーベリージャムや赤ワイン、豚肉にマンゴーチャツネや梅酒、鶏肉にマーマレードジャムをはじめ、柑橘系のアイテム。**別に根拠はないの。僕はそれが好きだなぁってだけ。チキンカレーに絞って片っ端からフルーツを合わせて試作していた時期がある。結局、適度な量を使えば何でもおいしくなった。でも、バナナはイマイチだった。イチゴとスイカはまるでダメだったな……。

火

スパイス

玉ねぎ

油

水

塩

隠し味

MISO KEEMA CURRY

ミソキーマカレー

☐ LESSON	:	7-3	:	🥄	:	隠し味	

難易度 :	初級 ・★・	上級
辛さ :	甘口 ・★・	辛口
味 :	さっぱり ・・★	こってり

» 発酵調味料でおいしくする

時間をかければかけただけ料理がおいしくなるんだとしたら、発酵はその最たる例のひとつかな。誰かがどこかでかけてくれた手間暇を自分が作るカレーに加えられるなんてステキ。感謝して味わおう。

材料（4人分）

植物油…大さじ3
玉ねぎ（粗みじん切り）…小1個（200g）
にんにく（すりおろし）…小さじ1
しょうが（すりおろし）…小さじ1
牛肩ロース肉（1cm角に切る）…400g

パウダースパイス
　●クミン…大さじ1
　●コリアンダー…小さじ2
　●ガラムマサラ…小さじ1
　●レッドチリ…小さじ½
　●ターメリック…小さじ½
塩…小さじ½強
赤ワイン…100㎖
トマトピューレ…大さじ2
合わせみそ…大さじ1
レッドキドニー豆（水煮）…200g

下準備

にんにくとしょうがは100㎖の水（分量外）で溶いてGGジュースにしておく。

1 鍋に油を中火で熱し、玉ねぎを加えて表面がキツネ色になるまで炒める。

2 GGジュースを加えて炒める。

3 牛肉を加えて表面全体が色づくまで炒める。

4 火を弱めてパウダースパイスと塩を加えて炒める。

5 赤ワインを注いで強火で煮立て、トマトピューレを混ぜ合わせる。

6 みそを混ぜ合わせ、レッドキドニー豆を加えてふたをし、弱火で15分ほど煮込む。

火
スパイス
玉ねぎ
油
水
塩
隠し味

カレーの隠し味に使える**発酵調味料はバラエティ豊か**。みそとしょう油がツートップかな。ほんの少し加えただけでおいしくなっちゃう。「なぜかうまい」っていう独特の味わいになるんだ。ちょっとクセのあるものならナンプラーをはじめとする魚醤や中国料理で使われるジャン（豆鼓醤、豆板醤など）もいい。酢やみりん、塩こうじなんかでもうま味が加わる。隠し味とは言えないけれどカレーに納豆をトッピングするのが好きな人も、**「発酵＋カレー」**を実践していることになる。発酵はすごい。いつか発酵カレーってジャンルが生まれるかもね。

UMAMI VEGETABLE CURRY
ウマミベジタブルカレー

難易度 ：	初級 ★・・ 上級		
辛さ ：	甘口 ・★・ 辛口		
味 ：	さっぱり ★・・ こってり		

□ LESSON ⋮ 7-4 ⋮ 🥄 ⋮ 隠し味

» だしでおいしくする

そこはかとなくしみじみとうまいカレーの秘密は、だし（スープ）が握っている。グルタミン酸、イノシン酸、グアニル酸などいろいろとあるようだけれどね、ともかくこれでカレーは無敵になっちゃうんだな。

116

材料（4人分）

植物油…大さじ2

ホールスパイス

　●レッドチリ…3本

　●マスタードシード…小さじ1

　●クミンシード…小さじ½

にんじん（小さめの乱切り）…小1本（150g）

じゃがいも（小さめの乱切り）…中2個

パウダースパイス

　●コリアンダー…小さじ2

　●ターメリック…小さじ1

塩…小さじ1強

砂糖…小さじ1

水…400ml

煮干し（頭と腹を取る）…5g

ココナッツミルク…200ml

ブロッコリー…小1株

下準備

ブロッコリーは小房に切り分けてゆでておく。

1　鍋に油を中火で熱し、ホールスパイスを加えて炒める。マスタードシードがはじけてくるまで。

2　にんじんとじゃがいもを加えてさっと炒め、パウダースパイスと塩、砂糖を加えて炒める。

3　水を注いで強火で煮立て、煮干しを加えてふたをして弱火で20分ほど煮る。

4　ココナッツミルクを加えて煮立て、ブロッコリーを加えて混ぜ合わせ、さっと煮る。

だしの**うま味の素は、主にグルタミン酸**。昆布、ドライトマト、煮干しなどの乾物類に特に多く含まれるから手早くうまくなる。野菜のスープなんかも長い時間煮込むといい。グルタミン酸にイノシン酸やグアニル酸をかけ合わせるとより強いうま味が出るそうだよ。イノシン酸は肉類、魚介類全般。グアニル酸は干したキノコ類に多いと言われている。ともかく、どんな素材でも水で煮込んでうま味を引き出せばカレーをおいしくする隠し味になる。**「だしカレー」の世界**は、入り込んだら深くて楽しくて、きっと抜け出せなくなるね。

火
スパイス
玉ねぎ
油
水
塩
隠し味

7-TECHNIQUE CHICKEN CURRY REVIEW

7テクニックチキンカレー おさらい編

火　スパイス　玉ねぎ　油　水　塩　隠し味

巻頭で紹介した「チャレンジ！7テクニックチキンカレー」とまったく同じ材料（分量）を使って、プロセスを細かく丁寧にしたおさらい編。火の入れ方に注意しながら、全体的にメリハリのきいた味わいで、口当たりのなめらかな仕上がりを目指す。味の違いを比べてみよう。

材料（4人分）

植物油…大さじ3

ホールスパイス

　●クミンシード…小さじ1

にんにく（みじん切り）…1片

しょうが（みじん切り）…1片

玉ねぎ（くし形切り）…中1個（250g）

塩…小さじ1弱

パウダースパイス

　●コリアンダー…大さじ1

　●ターメリック…小さじ1

　●レッドチリ…小さじ1

トマト（ざく切り）…大1個（250g）

水…300ml

砂糖…小さじ½

しょう油…大さじ1

鶏もも肉（ひと口大に切る）…400g

フレッシュスパイス

　●香菜（ざく切り）…¼カップ

炒める

鍋に鶏肉を皮面を下にして敷き詰めて焼く。必要なら少々の油（分量外）を使うといい。

強火で表面全体に焼き色がつくまで焼く。肉汁や脂分とともに取り出しておく。

空いた鍋に油とクミンシード、にんにく、しょうがを加えて強火で熱し、ほんのり色づくまで炒める。

強火のまま玉ねぎを加えて塩をふり、ざっと混ぜ合わせる。

ふたをして中火で10分ほど蒸し焼きにする。シッカリ密閉できるふただとよりよい。

6

玉ねぎのふ
ちと表面は
ところどころ焼き
色がついている状
態。

炒める

しんなりしてくるまで蒸し焼きにしたらふたを開け
る。

7

強火にしてゴムベラでかき混ぜながら表面を焼きつ
けるように炒める。

8

玉ねぎのふちが濃いキツネ色（タヌキ色）になるま
で炒める。玉ねぎにはまだ水分が残っている。

9

トマトより
先にパウダ
ースパイスを加え
ることでスパイス
の香りとともに香
味も立たせる。

弱火にしてパウダースパイスを加えて炒め合わせる。
焦げやすいので注意。

10

トマトを加えてざっと混ぜ、鍋中の温度を一度下げ
てスパイスとトマトをなじませる。

11

ふたをして中火で5分ほど蒸し焼きにする。トマト
が煮崩れて水分が出始める。

12

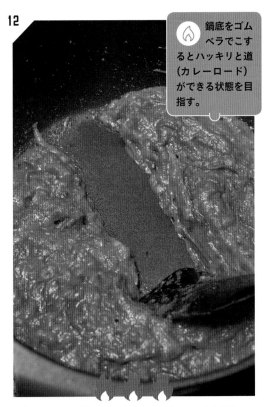

鍋底をゴムベラでこするとハッキリと道（カレーロード）ができる状態を目指す。

ふたを開けて強火にし、トマトをつぶしながらキッチリ水分を飛ばして煮詰める。

13

水を注いで煮立てる。しっかり脱水した上で新たに水を加えるのがいい。

14

砂糖としょう油を混ぜ合わせる。隠し味なので、好みで量を加減してもいい。

15

ふたをして、弱火で5分ほど煮る。圧力のかかる状態でグツグツ煮て全体を融合させる。

16

ふたを開けて鶏肉を肉汁、脂分ごと戻し入れ、混ぜ合わせる。

17

香菜を混ぜ合わせ、再びふたをして弱火で15分ほど煮る。

FINISH!

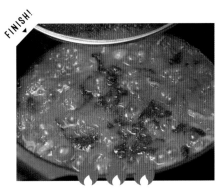

何度もふたをして火を入れることでソースをなめらかに均一に仕上げる。

SPICE LIST
本書で使用したスパイス一覧

01
グリーンカルダモン・ホール＆パウダー

さわやかで上品な香り。特に香りの強いパウダーは、他のスパイスと組み合わせることで魅力アップ。

使用目安：4人分…ホール：4粒前後
パウダー：小さじ2まで
合う素材：主に肉
僕の好み：好き

02
レッドチリ・ホール＆パウダー

香ばしい香りとシャープな辛み。ホールは辛い種の部分を除けば香りをより強く楽しめる。

使用目安：4人分…ホール：4本
パウダー：小さじ2まで
合う素材：肉、魚介、野菜
僕の好み：大好き

03
ターメリック・パウダー

土っぽい香りが香りの土台を作る。少量の使用で魚介類の下処理や野菜の風味アップに貢献する。

使用目安：4人分…小さじ1まで
合う素材：主に魚介、野菜
僕の好み：普通

04
クローブ・ホール

奥深くクセの強い香り。漢方薬のような独特の香りがあるため、単体での使用はできるだけ避けたい。

使用目安：4人分…ホール：6粒前後
合う素材：主に肉
僕の好み：普通

05
クミン・シード＆パウダー

ツンと香ばしく強い香り。単体で最もカレーをイメージしやすい香りがし、万能で使い勝手がいい。

使用目安：4人分…ホール：小さじ1まで
パウダー：大さじ1まで
合う素材：肉、魚介、野菜
僕の好み：好き

06
ガラムマサラ・パウダー

複雑で奥深い香り。香りを深めたければ少量を使うといい。配合比によって香りに特徴がある。

使用目安：4人分…小さじ1/2前後
合う素材：肉
僕の好み：普通

07
コリアンダー・パウダー

甘くさわやかな香り。全体の香りをバランスよくまとめてくれる調和のスパイス。

使用目安：4人分…大さじ1まで
合う素材：肉、魚介、野菜
僕の好み：結婚したい

08
マスタード・シード

香味を目的に使用。油で炒めてカレーに使う場合は、あまり辛みを期待せず、香ばしさを重視する。

使用目安：4人分…ホール：小さじ1以内
合う素材：主に魚介、野菜
僕の好み：好き

09
パプリカ・パウダー

香ばしい香り。レッドチリに似た香りがあり、辛みがないため、代用として登場することが多い。

使用目安：4人分…小さじ2まで
合う素材：肉、魚介、野菜
僕の好み：大好き

10
シナモン・ホール

甘く深い香り。他のスパイスたちの陰に隠れてほのかに香りを出す。が、使いすぎると暴れ出す。

使用目安：4人分…1本以内
合う素材：主に肉
僕の好み：普通

01
GREEN CARDAMOM
WHOLE & POWDER

04
CLOVE WHOLE

03
TURMERIC
POWDER

02
RED CHILI WHOLE
& POWDER

07
CORIANDER
POWDER

05
CUMIN SEED
& POWDER

08
MUSTARD
SEED

06
GARAM MASALA
POWDER

09
PAPRIKA
POWDER

10
CINNAMON
WHOLE

使用スパイス一覧

	ホールスパイス						パウダースパイス							使用種類
	クミン	マスタード	レッドチリ	カルダモン	シナモン	クローブ	コリアンダー	ターメリック	レッドチリ	クミン	ガラムマサラ	パプリカ	カルダモン	
7テクニックチキンカレー (P.8)	●						●	●	●					4
1-1. スタンダードチキンカレー (P.22)				●	●	●	●	●	●					6
1-2. フィッシュカレー (P.26)		●	●				●	●				●		5
1-3. チックピーカレー (P.30)	●						●		●			●		4
1-4. ミックスベジタブルカレー (P.32)	●						●	●	●					4
1-5. スライスビーフカレー (P.34)							●	●		●	●	●		5
2-1. ビターポークカレー (P.38)							●	●			●	●		4
2-2. マリネポークカレー (P.42)	●	●					●	●	●		●			6
2-3. ウェットチキンカレー (P.46)	●			●	●	●	●	●	●		●			8
2-4. ペーストチキンカレー (P.50)				●	●		●			●				4
2-5. ポタージュビーンカレー (P.52)	●							●	●		●			4
3-1. ホワイトチキンカレー (P.56)			●	●	●	●				●				5
3-2. スピニッチカレー (P.60)	●		●							●	●			4
3-3. マッシュルームカレー (P.64)	●						●	●	●	●	●			6
3-4. オニオンチキンカレー (P.68)	●	●		●			●	●	●					6
4-1. ビーフカレー (P.72)								●		●	●	●	●	5
4-2. ブロウンカレー (P.76)	●					●	●	●	●					5
4-3. オーベルジーンカレー (P.78)							●				●		●	3
4-4. フレーバードフィッシュカレー (P.80)	●	●	●				●	●			●		●	7
5-1. カルダモンチキンカレー (P.84)							●	●		●			●	4
5-2. ドライキーマカレー (P.88)							●	●				●	●	4
5-3. オクラカレー (P.90)	●	●						●	●					4
5-4. シチュードチキンカレー (P.92)	●	●					●	●	●			●		6
6-1. ソルティチキンカレー (P.96)	●	●	●				●	●						5
6-2. ソテードラムカレー (P.100)							●	●	●	●	●	●		6
6-3. エッグ&ポテトカレー (P.102)	●	●					●	●	●					5
6-4. グリルドサーモンカレー (P.104)							●	●			●	●	●	5
7-1. バターチキンカレー (P.108)								●		●		●	●	4
7-2. マーマレードチキンカレー (P.112)							●				●	●	●	4
7-3. ミソキーマカレー (P.114)							●	●	●	●	●			5
7-4. ウマミベジタブルカレー (P.116)	●	●	●				●	●						5
7テクニックチキンカレー おさらい編 (P.118)	●						●	●	●					4
使用頻度	17	10	7	6	5	5	24	23	17	12	12	10	8	

使用食材一覧

	ソース										具			
	油	塩	玉ねぎ	水	にんにく	しょうが	トマト	隠し味	ココナッツミルク	ヨーグルト	肉	野菜	その他	魚介類
7テクニックチキンカレー (P.8)	●	●	●	●	●	●	●	●			●			
1-1. スタンダードチキンカレー (P.22)	●	●	●	●	●	●	●				●			
1-2. フィッシュカレー (P.26)	●	●	●	●	●	●	●		●					●
1-3. チックピーカレー (P.30)	●	●	●	●	●		●						●	
1-4. ミックスベジタブルカレー (P.32)	●	●	●	●	●	●	●					●		
1-5. スライスビーフカレー (P.34)	●	●	●				●			●	●			
2-1. ビターポークカレー (P.38)	●	●	●	●	●	●	●	●	●		●			
2-2. マリネポークカレー (P.42)	●	●	●	●	●	●	●				●			
2-3. ウェットチキンカレー (P.46)	●	●	●	●	●	●	●				●			
2-4. ペーストチキンカレー (P.50)	●	●	●		●			●	●		●	●		
2-5. ポタージュビーンカレー (P.52)	●	●	●		●	●							●	
3-1. ホワイトチキンカレー (P.56)		●	●	●				●			●			
3-2. スピニッチカレー (P.60)	●	●	●		●	●	●	●				●		
3-3. マッシュルームカレー (P.64)	●	●	●		●	●				●			●	
3-4. オニオンチキンカレー (P.68)	●	●	●	●				●			●	●		
4-1. ビーフカレー (P.72)	●	●	●	●	●	●	●				●			
4-2. ブラウンカレー (P.76)	●	●	●	●	●	●	●	●	●					●
4-3. オーベルジーンカレー (P.78)	●	●	●	●	●		●	●				●		
4-4. フレーバードフィッシュカレー (P.80)	●	●	●	●	●	●	●	●						●
5-1. カルダモンチキンカレー (P.84)	●	●	●	●				●		●	●			
5-2. ドライキーマカレー (P.88)	●	●	●		●	●					●			
5-3. オクラカレー (P.90)	●	●	●		●		●			●		●		
5-4. シチュードチキンカレー (P.92)	●	●	●	●	●	●			●		●			
6-1. ソルティチキンカレー (P.96)	●	●	●	●	●		●				●			
6-2. ソテードラムカレー (P.100)	●	●	●	●	●	●	●				●			
6-3. エッグ&ポテトカレー (P.102)	●	●	●		●		●					●	●	
6-4. グリルドサーモンカレー (P.104)	●	●	●	●								●	●	●
7-1. バターチキンカレー (P.108)	●	●	●		●		●			●	●			
7-2. マーマレードチキンカレー (P.112)	●	●	●		●	●		●			●			
7-3. ミソキーマカレー (P.114)	●		●		●	●					●			
7-4. ウマミベジタブルカレー (P.116)	●	●	●					●	●			●		
7テクニックチキンカレー おさらい編 (P.118)	●	●	●	●	●	●	●				●			
使用頻度	31	31	27	26	24	22	19	19	7	5	19	9	5	4

AFTERWORD

おわりに

料理教室をするときに、冒頭に必ずお話しすることがある。

〜〜〜〜〜〜〜〜〜

僕が伝えたいのはレシピそのものではありません。レシピはあくまでも題材にすぎません。レシピを通してみなさんにはテクニックを習得してほしい。それが料理教室の狙いです。今日はこれから2時間かけて、3品のカレーを紹介します。もし、その3品がどれも好きな味じゃなかったら、どんな気持ちになりますか? 「水野の料理教室に来るんじゃなかった」と思うかもしれません。「次は他の先生のところにしよう」。それもいいかもしれません。でも、みなさんが、忙しい中、時間を作ってここまで足を運んでもらって、"いいレシピに出会えたらラッキー、出会えなかったらアンラッキー"。それではもったいないと思います。10人いたら、好きなカレーの味わいは10通りあります。僕のレシピで全員が「おいしい!」と感動してもらえるとは思いません。レシピとそれによって完成するカレーの味わいは、そのくらい不確かなものなんですね。じゃあ、どうしますか? 「失敗したな、今日は来なきゃよかったな」と思い始めている人が、すでにこの中にちらほら始めているかも……。レシピがなんであろうと、すべてに共通している確かなものがひとつだけあります。それは、"おいしいカレーを作るためのテクニック"です。だから、僕の料理教室では、レシピと出会うのではなく、レシピを通してテクニックと出会ってほしいんです。

〜〜〜〜〜〜〜〜〜

長々と前置きを話す余裕があるときには、これくらいのことを話す。途中で眠くなる人もいるかもしれない。でも話す。大事なことだから。レシピ本を書くときも僕はまったく同じ気持ちでいる。

そんなふうにしてこのドリルは生まれた。みなさんがテクニックを習得したり、向上させたりしている間に、僕も僕自身のテクニックをさらにアップさせるべく、日々精進したいと思う。そして、いつかまたこの場所に戻ってきたい。そのときには、7つの技術が10に増えていたりして、ね。

2020年春　水野仁輔

MIZUNO JINSUKE

——

水野仁輔　みずの・じんすけ

——

AIR SPICE代表。1999年以来、カレー専門の
出張料理人として全国各地で活動。『スパイス
カレーを作る』『スパイスカレー事典』(ともに
パイ インターナショナル)、『カレーの教科書』
(NHK出版)、『幻の黒船カレーを追え』(小学館)
などカレーに関する著書は50冊以上。現在は、
本格カレーのレシピつきスパイスセットを定期
頒布するサービス「AIR SPICE」を運営中。
http://www.airspice.jp/

7つの技で完全マスター
スパイスカレードリル
——

2020年5月12日　初版第1刷発行

著者：水野仁輔

アートディレクション：細山田光宣
デザイン：松本 歩（細山田デザイン事務所）
撮影：今清水隆宏
英訳：パメラミキ
DTP：石川真澄
校正：株式会社 鷗来堂
制作協力：UTUWA
編集：長谷川卓美

発行人：三芳寛要
発行元：株式会社パイ インターナショナル
　　　　〒170-0005 東京都豊島区南大塚2-32-4
　　　　TEL 03-3944-3981　FAX 03-5395-4830
　　　　sales@pie.co.jp

印刷・製本：図書印刷株式会社

©2020 Jinsuke Mizuno / PIE International
ISBN978-4-7562-5346-0 C0077
Printed in Japan